続々 ズバッ!とわかる会計学

向 伊知郎
［編著］

ACCOUNTING

同文舘出版

改訂版序文

　本書は，『続ズバッ！とわかる会計学』の改訂版である。「限りなく現代に近い会計学」を解説するというコンセプトのもとまとめた初版『ズバッ！とわかる会計学』は，2014年の刊行から10年が経過する。2020年に改訂版として刊行した『続ズバッ！とわかる会計学』では，「もっとズバッ！との達成」を意識して目次の改訂と，内容およびデータの刷新を行った。今回の改訂を行うに当たっては，再度，全体的な見直しを行い，〈エピソード〉やコラム（Column）を書きかえて，第14章「非財務情報開示の潮流」を加えている。

　本書は，前書と同様に，会計学を「学ぶ」ことはもちろんであるが，「利用する」ためのテキストであることを意識して執筆している。そのため，本書は，各章の扉に〈本章のズバッ！と〉を記載して，各章の内容を的確に理解するポイントを明示するとともに，各章の本文中に〈エピソード〉を記載して，現実世界と会計とのかかわりがどのようになっているかを理解できるように工夫した。

　これらの特徴のもとに，本書の構成は以下のようになっている。
① 　第1章は，初学者向けに会計学の概要を説明した上で，その後の各章とのかかわりを明示している。初学者は，第1章をもとに，自らの関心のある章のページをめくって会計学の基礎理論，制度および財務諸表の利用の仕方について学習していただきたい。
② 　第2章から第4章は，会計学の理論的基礎をわかりやすく解説している。会計はどのような役割を果たしているのか，会計の考え方は歴史的にどのように変化してきたのかなど，会計学を学ぶ意義や財務諸表を理解するための重要な基礎を説明している。
③ 　第5章から第7章は，財務3表の構造と利用の仕方について解説している。会計は企業経営を写像するものであり，財務諸表を読むことで，

企業の実態が明らかになる。これらの章は，企業の実態を明らかにするための重要な分析指標とそれらの意味についても説明している。

④　第8章から第10章は，財務3表に表示される各要素を理解するための基礎について解説している。財務諸表を利用するためには，各要素がどのように認識，測定および表示されているかについての理解が必要である。これらの章は，財務3表をいっそう詳細に分析するために必要となる。

⑤　第11章は，繰り返される会計不正を防ぐための対応についてわかりやすく解説している。財務諸表の作成責任は経営者にあり，経営者は自らの保身や企業価値を維持するために不正行為を行うことがある。本章では，会計不正を防ぐための内部統制と外部の監査人による財務諸表のチェックがどのように行われるかについて説明している。

⑥　第12章と第13章は，グローバル企業における内部報告および外部報告の会計の問題について解説している。進展する企業活動のグローバル化とともに，日本のグローバル企業の会計について，簡潔に説明している。

⑦　第14章は，昨今注目を集めている非財務情報の開示について解説している。環境・社会が変化する中で，財務情報を補完して意思決定に役立つ非財務情報の開示に関する潮流が明らかになる。

本書が，これまでと同様に，多くの会計学の初学者の方に利用されて，会計学に関心をもつ人々が増えることを期待したい。

本書の改訂作業および出版過程では，同文舘出版の青柳裕之氏にたいへんお世話になった。ここに執筆陣を代表して，厚く御礼申し上げる。

2024年1月

編著者　向 伊知郎

第**5**章 財政状態計算書・貸借対照表

第**6**章 損益計算書・包括利益計算書

第7章　キャッシュフロー計算書

第8章　資産の会計

第9章 負債・持分の会計

第10章 損益の会計

第11章 コーポレート・ガバナンスと会計監査

第14章 **非財務情報開示の潮流**

エピソード一覧

略語一覧表

略語	原語	訳語
AICPA	American Institute of Certified Public Accountants	アメリカ公認会計士協会
ASBJ	Accounting Standards Board of Japan	企業会計基準委員会
ASEAN	Association of Southeast Asian Nations	東南アジア諸国連合
BSC	Balanced Score Card	バランスト・スコアカード
CESR	Committee of European Securities Regulators	ヨーロッパ証券規制当局委員会
CFF	Cash Flows from Financing Activities	財務活動によるキャッシュフロー
CFI	Cash Flows from Investing Activities	投資活動によるキャッシュフロー
CFO	Cash Flows from Operating Activities	営業活動によるキャッシュフロー
COSO	Committee of Sponsoring Organizations of the Treadway Commission	トレッドウェイ委員会支援組織委員会
CSR	Corporate Social Responsibility	企業の社会的責任
CVP	Cost-Volume-Profit	損益
DWG	Disclosure Working Group	ディスクロージャーワーキング・グループ（日本）
EBITDA	Earnings Before Interest, Taxes, Depreciation, and Amortization	支払利息，減価償却および償却前の税引前利益
EDINET	Electronic Disclosure for Investors' NETwork	金融商品取引法に基づく有価証券報告書等の開示書類に関する電子開示システム
ERM	Enterprise Risk Management	全社的リスクマネジメント
ESG	Environment, Social, and Governance	環境・社会・ガバナンス
EU	European Union	ヨーロッパ連合
FASB	Financial Accounting Standards Board	財務会計基準審議会（アメリカ）
FASF	Financial Accounting Standards Foundation	財務会計基準機構（日本）
FCF	Free Cash Flows	フリーキャッシュフロー
FIFO	First-in First-out	先入先出法
GAAP	Generally Accepted Accounting Principles	一般に認められた会計原則
IAS	International Accounting Standards	国際会計基準

IASB	International Accounting Standards Board	国際会計基準審議会
IASC	International Accounting Standards Committee	国際会計基準委員会
IFRS	International Financial Reporting Standards	国際財務報告基準
IIRC	International Integrated Reporting Council	国際統合報告評議会
IOSCO	International Organization of Securities Commissions	証券監督者国際機構
JETRO	Japan External Trade Organization	日本貿易振興機構
JICPA	Japanese Institute of Certified Public Accountants	日本公認会計士協会
JMIS	Japan's Modified International Standards	修正国際基準
KAM	Key Audit Matters	監査上の主要な検討事項
MAS	Management Advisory Service	経営支援業務
NYSE	New York Stock Exchange	ニューヨーク証券取引所
PBR	Price to Book Value Ratio	株価純資産倍率
PER	Price to Earnings Ratio	株価収益率
ROA	Return on Assets	総資本利益率
ROE	Return on Equity	自己資本利益率
ROI	Return on Investment	投資利益率
SEC	Securities and Exchange Commission	アメリカ証券取引所委員会
SDGs	Sustainable Development Goals	持続可能な開発目標
SFAC	Statement of Financial Accounting Concepts	財務会計概念書（アメリカ）
SFAS	Statement of Financial Accounting Standard	財務会計基準書（アメリカ）
TCFD	Task Force on Climate-related Financial Disclosures	気候関連財務情報開示タスクフォース
UN	United Nations	国際連合

第1章

企業活動と会計

本章のズバッ！と

☐ 会計とは，経済主体が営む経済活動を，認識，測定，記録して，伝達することである。

☐ 企業会計は，利益を得ることを目的とした会社，特に株式会社等を経済主体とした会計である。

☐ 企業会計は，企業の内部情報利用者向けの管理会計と外部情報利用者向けの財務会計に分けて説明される。

☐ 上場企業等が決算時に作成および開示すべき財務諸表には，連結財務諸表と（個別または単体）財務諸表があり，それぞれに貸借対照表，損益計算書，キャッシュ・フロー計算書（連結のみ）および株主資本等変動計算書がある。

☐ 各財務諸表には連携関係があり，すべての財務諸表を利用することで，企業経営の実態が理解される。

☐ 財務報告の信頼性の確保のために，公認会計士等による監査が行われる。

キーワード

経済主体，内部情報利用者，外部情報利用者，決算，財務諸表とその注記，クリーン・サープラス関係，信頼性の確保

1 会計とは

〈エピソード01〉企業経営と会計

「会計がわからんで経営ができるか」

これは，現在の京セラ㈱の創立者で，KDDI㈱の設立や日本航空㈱の再生でも尽力された日本を代表する経営者の一人である（故）稲盛和夫氏の著書での言葉である。稲森氏は，会計がわかっていなければ，企業の発展はないと主張されて注目を集めた。

（稲盛和夫［1998］『実学：経営と会計』日本経済新聞社。）

〈エピソード02〉企業が求める人材

企業のCFO（最高財務責任者）に，「社員に会計・ファイナンスの知識をどれくらい理解してほしいか？」と聞いたところ，以下のような結果が得られたようだ。

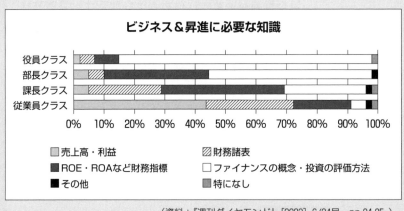

（資料：『週刊ダイヤモンド』［2023］6/24号，pp.24-25。）

　グラフは，企業が社員に対して，会計・ファイナンスの知識を求めている
ことを示している。ビジネス・パーソンに求められる会計・ファイナンスの
知識レベルは，昇進とともに初級→中級→上級と高まっている。初級がわか
らなければ，中級・上級は理解できないから，まずは売上高や利益といった
会計情報の意味に始まり，財務諸表を読み解く力を身につける必要がある。

　会計は，**経済活動**を写像するものである。会計学のテキストのほとんどが，
多少の文言の相違はあっても，会計を次のように定義している。

　「**会計**とは，**経済主体**が営む**経済活動**を，**認識**，**測定**，**記録**して，**伝達**するもの」

　この文の意味（特に熟語の個所）を理解できれば，会計は何も難しいもの
ではない。たとえば，レストランがイチロー君に食事を提供する場合を考え
てみる。

〈エピソード03〉会計とは何か

　ある日，イチロー君がレストランにやってきて，「店員さん，和風ハ
ンバーグ1つ，ライス1つ，アイスコーヒー1つお願いします。」と注
文する。

　店員さんは，注文の内容をオーダーエントリーシステムに記録して，
厨房のシェフに伝える。その後，店員さんは，注文された料理と飲み物
をイチロー君のテーブルに運んでくる。イチロー君はこれらを飲食して，
「店員さん，会計をお願いします。」と伝える。

　店員さんは，イチロー君の注文内容が記録された用紙をもってくる。
そこには，和風ハンバーグが1,000円，ライスが200円，アイスコーヒー
が300円，合計1,500円と書かれている。イチロー君は，この金額を支払
って，「ごちそうさま〜。また来ます。」といってレストランを出ていく。

　これが会計である。すなわち，レストランという**経済主体**は，食事などを
顧客に提供する**経済活動**を行っている。レストランは，その経済活動の内容

を認識し，貨幣単位で測定し，システムに記録する。最終的に，売り上げがいくらであるかを，顧客であるイチロー君に伝達して，会計が完了する。

これはとても単純なケースなので，もう一度会計の定義を考えてみると，経済主体とは，読んで字のごとく，経済活動を行う主体である。一般的には，経済主体は，個人，法人（営利法人と非営利法人等）および政府（中央政府と地方政府等）に分けて説明される。エピソード03では，レストランが経済主体であり，それが個人経営であれば個人という経済主体であるが，利益を得ることを目的とした法人であれば営利法人という経済主体となる。

一般に，営利法人は，会社法のもとで設立が認められた会社である。その他，非営利法人とは，営利を目的としていない法人であり，たとえば，教育を行うことで授業料を得ている大学などの学校法人や，宗教法人などがある。中央政府や地方政府も，ものを買ったり，サービスを提供したりしているので，経済主体となる。ここから，それぞれの経済主体に会計があることになる（図表1-1参照）。

次に，経済活動とは何か。これは，取引を行うことで，たとえば，必要なものを貨幣と交換に取得したり，逆に，相手が必要なものを貨幣と交換に譲渡したりすることである。エピソード03では，レストランがハンバーグ，ラ

図表1-1　経済主体と会計

経済主体		会計
個人 ──────────────→		家計
法人 ──→ 営利法人 ─────→		企業会計
↘ 非営利法人 ─────→		非営利法人の会計
政府 ──→ 中央政府・地方政府 ──→		公会計

イスおよびアイスコーヒーを貨幣と交換にイチロー君に提供するという行為が**経済活動**である。現実の世界では，これは何も貨幣と交換しなければならないわけではなく，古き時代には物々交換が行われており，また最近ではクレジット・カードによる決済や仮想通貨と交換に，ショッピングも行われるようになっている。

　認識とは，経済活動の事実を，「いつ，何を，いくつ，どうした（たとえば，売ったとか買った）」というように把握することであり，**測定**とは，「いくらで」と貨幣単位で表すことである。**記録**とは，認識および測定された経済活動を，**帳簿や伝票**といった**帳票**に書きとどめることである。仕訳帳や伝票に記録する際に用いられる技術が，**複式簿記**である。

　記録された情報は，その後，誰かに何らかの方法を用いて**伝達**される。**伝達**とは，経済主体が行った**経済活動**に関する情報を知りたいと思う相手に対してその内容を伝えることである。**伝達手段**は，経済主体，経済活動，誰がその情報を必要とするかによってさまざまである。エピソード03では，レストランが，イチロー君に「あなたに提供されたサービスはこのとおりですよ。」と，注文内容を記録した用紙を用いて**伝達**したことになる。

　エピソード03は，たった一人との1回だけの取引から会計を説明したものである。実際には，日々の数多く行われる取引をこのように処理しながら，一定の時期に，それらを整理してまとめたものを，店長，社長，その他の多くの人々に**伝達**することが**会計**となる。

2 企業会計とは

　企業とは，一般的に非営利法人や個人事業主まで含めた幅広い意味で用いられるが，**企業会計**は，利益を得ることを目的とした**営利法人**を**経済主体**と

した**会計**である。

　営利法人として，**会社法**のもとで設立が認められる**会社**は 4 種類あり，出資者や構成員の**責任の範囲**によって分類されている（図表1-2参照）。その中で最も多く存在している会社は**株式会社**である。このテキストでは，**株式会社の会計**に焦点を当てて説明する。

図表1-2　会社法のもとでの会社の種類

株式会社	株式を発行して資金を調達し，出資者である株主が全員有限責任である会社
合名会社	すべて無限責任の社員から構成される会社
合資会社	有限責任社員と無限責任社員とから構成される会社
合同会社	合名会社および合資会社の無限責任社員のリスクが高いことから，比較的小規模でも出資者の責任が有限責任である会社

＊1）そのほかに，2006年に会社法が施行される以前に設立が認められていた，**有限会社**が存在する。

3 財務会計と管理会計

　経済主体が行った**経済活動**に関する情報を知りたいと思う人々は，**情報利用者**と呼ばれる。**企業会計**（あるいは**株式会社の会計**）は，**経済主体**である**営利法人**（あるいは**株式会社**）が行った**経済活動**に関する情報を**伝達**する対象，すなわち**情報利用者**の種類によって 2 つに分けて説明される。

　たとえば，トヨタ自動車㈱の**経済活動**に関する**情報利用者**には，**経営者**はもちろんのこと，現在，利害関係のある人，将来，利害関係が生じる（あるいは生じる可能性がある）人もいる。このような**情報利用者**は，企業経営に携わっていて企業の**内部情報**を利用できる**内部情報利用者**と，企業が公表した情報しか利用することのできない**外部情報利用者**である**（外部）利害関係者**

（あるいは**ステークホルダー**）に分けられる。**情報利用者**の範囲を具体的に示すと，図表1-3のとおりである。

図表1-3　情報利用者の範囲

内部情報利用者	経営者　各部門管理者　など
外部情報利用者	投資者　債権者　従業員　得意先　仕入先　証券アナリスト　税務当局　一般大衆　など

　内部情報利用者が必要とする情報を提供する会計が**管理会計**である。**外部情報利用者**が必要とする情報を提供する会計が**財務会計**である。

　管理会計は，**内部情報利用者**である**経営者**などが企業経営上の**意思決定**を行うのに必要な**原価計算**や**予算管理**のほか，**業績評価**に関する情報を作成して企業経営に利用することを目的としている。**管理会計**における１つの分析方法に**損益分岐点分析**（**CVP分析**）がある。
　財務会計は，**外部情報利用者**である**利害関係者**が何らかの**意思決定**を行うのに必要な情報を，**財務報告**によって提供するものである。しかし，外部情報利用者の範囲は幅広く，すべての情報利用者が十分に満足する情報を提供することは困難である。そこで，法律等が，**財務報告**の内容について規定して，多くの情報利用者が共通して必要とする情報の提供が行われる。

4 損益分岐点分析

　管理会計で用いられる**CVP分析**は，企業が**経営計画**を立てて**目標利益**を達成することを目的に，収益と費用を予測して**予算管理**を行うために利用される。**損益分岐点**とは，売上高と費用の額が等しくなって，利益がゼロとなる売上高または販売数量をいう。

損益分岐点の売上高を算出するためには，**原価概念を変動費と固定費に区別**することが必要である。**変動費**とは，販売数量や操業度等に比例して変動する費用である。**固定費**とは，販売数量や操業度等にかかわりなく毎期一定額必要な費用である。**損益分岐点売上高**は，図表1-4のように表される。

図表1-4　損益分岐点売上高

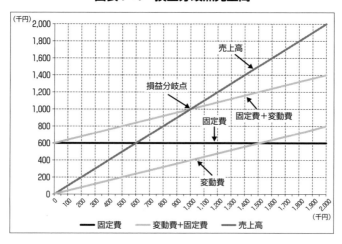

目標利益を達成するためには，販売単価の変更や製造原価を維持しながら品質改善を行うことでの販売数量の変化を予測して，生産量の変更を指示する必要がある。**CVP分析**は，売上高と変動費および固定費といった費用総額を予測して，**目標利益**の達成に向けた戦略を練る際に用いられる。

管理会計の内容と現在の動向については，第12章で説明する。

【設例1-1】CVP分析

　Tゲーム社は，1種類のゲームソフトだけを販売している会社である。Tゲーム社は，現在，次期経営計画において，予想利益の達成に向けての戦略を練っている。そこで，経営計画を立てる前に現状を把握するため，現在の状況での損益分岐点の売上高がいくらになるかを計算する。

〈資料〉

　　販売数量：30千個/年

　　販売単価：@50千円

　　費用内訳：

　　　製造原価等の変動費　@20千円

　　　給料および工場兼事務所の賃借料等の固定費　600千円/年

〈ヒント〉

$$損益分岐点売上高 = \frac{固定費}{1 - \dfrac{変動費}{売上高}}$$

〈解答〉

　　1,000千円

5　決算と財務報告制度

(1) 財務諸表の作成

　財務会計において，外部情報利用者の意思決定に役立つ情報を伝達するために行われる財務報告は，通常，国の法律がその詳細を定めていて，国によって異なっている。一般的に，財務報告の中心に位置づけられるのは，財務諸表とその注記である。

　日本の場合，税法，会社法および金融商品取引法という３つの法律が，企業の決算時に作成および開示（あるいはディスクロージャー）すべき財務諸表の種類を定めている。決算とは，企業の特定の会計期間における経営成績，財政状態およびキャッシュフローの状況を明らかにするための手続きである。その手続きでは，帳簿の締切り，棚卸しの実施，試算表の作成，決算整理などが行われて，財務諸表とその注記が作成される。

　通常，企業の事業年度（会計期間）は１年を単位とする。企業は，１年間

の企業経営の状況について**年次決算**を行って，情報利用者に**財務報告**を行う。しかし，企業を取り巻く環境の変化が激しい時代に，1年に1度しか財務報告が行われないことは，情報利用者にとって企業経営の状況を理解する機会が少なく問題である。そこで，上場企業は，3ヵ月ごとに**四半期決算**を行い，途中6ヵ月目に**中間決算**を行って，情報利用者に企業経営の状況についての説明をしている（図表1-5参照）[1]。

図表1-5　事業年度と会計期間

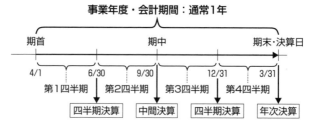

企業が開示する財務諸表は，**財務4表**[2]と呼ばれる（図表1-6参照）。**財務諸表の注記**は，財務諸表を作成する**会計方針**の説明，会計基準によって注記することが義務づけられている事項，および財務諸表を理解するのに役立つ情報について記述される（図表1-7参照）。**財務諸表**のそれぞれの内容については第5章から第7章，およびそれらの詳細は第8章から第10章で説明される。

図表1-6　財務諸表の種類

財務4表	目的
貸借対照表	一定時点における財政状態を明らかにする
損益計算書	一定期間における経営成績を明らかにする
キャッシュ・フロー計算書	一定期間におけるキャッシュフローを明らかにする
株主資本等変動計算書	一定期間における株主資本等の変動を明らかにする

---

1)　会社法は，年次決算以外に臨時決算を行うことも認めているが，義務づけてはいない。
2)　**財務3表**と呼ばれる場合もあり，その場合，貸借対照表，損益計算書およびキャッシュ・フロー計算書を意味する。

図表1-7　財務諸表の注記における会計方針の開示

会計方針の記載例
① 有価証券の評価基準及び評価方法
② たな卸資産の評価基準及び評価方法
③ 固定資産の減価償却方法
④ 繰延資産の処理方法
⑤ 外貨建資産・負債の本邦通貨への換算基準
⑥ 引当金の計上基準
⑦ 費用・収益の計上基準

出所：企業会計原則注解，注1-2「重要な会計方針の開示について」

　財務諸表は，「一般に認められた会計原則（GAAP）」（あるいは「一般に認められた会計基準」）に従って作成される。かつては，国ごとに異なったGAAPが存在していたことから，異なった国の企業が作成した**財務諸表を比較**することはできず，それらの財務諸表を単純に意思決定に利用することは困難であった。しかし，昨今では，**企業活動のグローバル化の進展**に伴って，**グローバル企業の会計**が注目されている。**グローバル企業の会計**は，第12章および第13章で説明される。

(2) 財務諸表の開示

　会社法は，**株式会社**に対して，株主総会において承認を得た決算内容を公告することを義務づけている（第440条）。これは，**決算公告**と呼ばれる。**決算公告**は，**官報**または**日刊新聞紙**のほか，ウェブサイトといった**電磁的方法**で行うことも認められている。

　会社法は，**株式会社を大会社とそれ以外**に区別している。**大会社**とは，資本金が5億円以上または負債総額が200億円以上の会社である。大会社の場合，貸借対照表と損益計算書を公告することが要求されているが[3]，それ以外の

---

3)　金融商品取引法により有価証券報告書を提出する株式会社では，決算公告は任意である。

会社の場合，貸借対照表だけを公告すればよい。

　金融商品取引法は，有価証券を発行する企業に対して，有価証券届出書の作成と内閣総理大臣への提出を義務づけている。有価証券を流通する企業には，6ヵ月を経過した中間決算時に半期報告書，1年を通した年次決算時に有価証券報告書の作成を義務づけている。これらは，いずれも内閣総理大臣に提出されなければならない（第24条）。

　会社法および金融商品取引法の開示制度以外に，各証券取引所の適時開示ルールに基づく四半期決算短信および（通期）決算短信という開示制度も存在する。

(3) 連結財務諸表と財務諸表

　現在，企業活動は単独でというよりも，企業集団を形成して行われている。それに伴って，会社法は大会社に対して，金融商品取引法は上場企業等に対して，連結財務諸表[4)]を作成および開示するように要求している。連結財務諸表とは，企業集団における親会社[5)]とすべての子会社の資産，負債，資本，収益，費用およびキャッシュフローを単一の経済的実体のものとして作成および表示する企業集団の財務諸表である。一方，親会社の財務諸表の作成および開示も同様に要求されている。親会社の財務諸表は，連結財務諸表と区別して，(個別または単体) 財務諸表と呼ばれる（第1章Column参照）。

　金融商品取引法で開示が要求されている財務諸表は，図表1-8のとおりである。(個別または単体) 財務諸表での損益計算書が，連結財務諸表では連結損益及び包括利益計算書と名称が変化している点に注意が必要である。

---

4)　会社法では，連結計算書類という。

5)　親会社とは，他の企業の財務および営業または事業の方針を決定する意思決定機関（株主総会その他これに準ずる機関）を支配している企業をいう。

図表1-8　金融商品取引法のもとでの財務諸表[1]

	財務諸表の種類	金融商品取引法
個別	貸借対照表	○
	損益計算書	○
	株主資本等変動計算書	○
	キャッシュ・フロー計算書	△
	附属明細表	○
連結	連結貸借対照表	◎
	連結損益及び包括利益計算書	◎
	連結株主資本等変動計算書	◎
	連結キャッシュ・フロー計算書	◎
	連結附属明細表	◎

[1]　◎：主要財務諸表
　　　△：連結財務諸表を作成していない場合に作成

6　財務諸表の連携

　企業が作成する財務諸表には**連携関係**があり，当然ながら，それぞれ重要な役割を果たして，**企業経営の実態**が理解される。ここでは，貸借対照表と損益計算書の連携関係についてみることとする。

【設例1-2】財務諸表の連携

　下記の①〜⑤に当てはまる金額はいくらか。

期首

貸借対照表

（単位：百万円）

資産		負債	
	10,000		6,000
		純資産	
		株主資本	
		資本金	3,000
		繰越利益剰余金	（　①　）
			（　4,000）
（　　　）		（　　　）	

期中

損益計算書

（単位：百万円）

収益	100,000
費用	98,000
当期純利益	（　②　）

13

期末

貸借対照表

(単位：百万円)

資産		負債	
	14,000	(⑤)	
		純資産	
		株主資本	
		資本金	3,000
		繰越利益剰余金	(③)
			(④)
( )		( )	

〈ヒント〉クリーン・サープラス関係（配当金はゼロとする。）

　　期末資本（純資産）＝期首資本（純資産）＋当期純利益（－配当金）

〈解答〉①1,000　②2,000　③3,000　④6,000　⑤8,000

　設例1-2で示された**クリーン・サープラス関係**は，かつての会計の世界において成立していた関係である。ところが，最近では，**（個別または単体）財務諸表**では，クリーンな関係からダーティーな関係になっている。その原因は，純資産において，**評価・換算差額等**（連結財務諸表では，**その他の包括利益累計額**[6]）が表示されるようになったことにある。

　一方で，**連結財務諸表**では，損益計算書ではなく，**連結損益及び包括利益計算書**と名称が異なっていることから，その内容も異なっていて，**クリーン・サープラス関係**が成立していると考えることもできる[7]。

---

6)　**評価・換算差額等**および**その他の包括利益累計額**とは，**包括利益**のうち，投資のリスクから解放されていない部分の累計額である。詳細については，第4章，第6章および第9章を参照。

7)　日本では，その他の包括利益を利益として捉えていない。その意味では，クリーン・サープラス関係と呼ぶことはできないかもしれない。

【設例1-3】 連結財務諸表の連携

下記の①～⑦に当てはまる金額はいくらか。

期首

連結貸借対照表

（単位：百万円）

資産		負債	
10,000			5,000
		純資産	
		株主資本	
		資本金	3,000
		繰越利益剰余金	1,000　4,000
		その他の 包括利益累計額	1,000
			5,000
（　　）		（　　）	

期中

連結損益及び
包括利益計算書

（単位：百万円）

収益	100,000
費用	98,000
当期純利益	（　①　）
その他の包括利益	1,000
包括利益	（　②　）

期末

連結貸借対照表

（単位：百万円）

資産		負債	
14,000			（　⑦　）
		純資産	
		株主資本	
		資本金	3,000
		繰越利益剰余金	（　③　）（　④　）
		その他の 包括利益累計額	（　⑤　）
			（　⑥　）
（　　）		（　　）	

〈ヒント〉（配当金はゼロとする。）

ダーティー・サープラス関係

期末資本（純資産）≠期首資本（純資産）＋当期純利益（－配当金）

連結におけるクリーン・サープラス関係

期末資本（純資産）＝期首資本（純資産）＋当期純利益＋

その他の包括利益（－配当金）

＝期首資本（純資産）＋包括利益（－配当金）

〈解答〉 ①2,000　②3,000　③3,000　④6,000　⑤2,000　⑥8,000　⑦6,000

財務4表は，貸借対照表と損益計算書の連携だけでなく，キャッシュ・フロー計算書と株主資本等変動計算書とも連携している。具体的には，キャッシュ・フロー計算書は，期首と期末の貸借対照表で示される現金および預金の変動[8]の原因を表していて，かつ損益計算書における各項目とキャッシュフローとの相違から**利益の質**を理解することができる。株主資本等変動計算書は，期首と期末の貸借対照表の純資産の部，特に株主資本の部の変動の原因を表している。

7 監査

　企業が作成した財務報告には，その**信頼性の確保**のために，**監査**が行われる。**監査**とは，経営者が作成した財務諸表が**一般に公正妥当と認められる企業会計の基準**に準拠して，企業の財政状態，経営成績およびキャッシュフローの状況を**適正に表示**しているかについての**意見表明**である。

　会社法では大会社に対して**会計監査人監査**が，**金融商品取引法**では有価証券の発行会社に対して**財務諸表監査**が義務づけられている。監査を行うことのできるのは，**公認会計士**または**監査法人**に限定されている。

　最近では，さまざまな**会計不正**が問題になっている。**会計不正**には，企業の売上高，利益などを多くみせようとする**粉飾**と，逆に少なくみせようとする**逆粉飾**がある。**上場企業**は，利益の金額が少ないあるいは赤字であると，株価下落が生じることを危惧して，**粉飾決算**を行う傾向にある。それに対して，**非上場企業**である主に中小企業は，株価の下落を危惧する必要がないので，税金の金額を減らすために**逆粉飾**を行う傾向にある。

　このような**会計不正**は，経営者主導で行われることも多く，未然に会計不

---

8) 正確には，現金および預金の変動と（正味）キャッシュフローとの間には相違がある。これは，キャッシュ・フロー計算書におけるキャッシュ概念が，現金および預金と異なっていることによる。詳細については，第7章を参照。

正を防ぐための組織づくりとして，**コーポレート・ガバナンス**の整備が進められてきた。コーポレート・ガバナンスに関する整備状況を含めて，企業の**業務の適正性**を確保するための体制は，**内部統制報告**によって説明されている。これについては，第11章で説明される。

8　非財務情報開示の潮流

昨今，財務情報に加えて，**非財務情報**の開示が注目を集めている。

非財務情報の開示への注目の高まりは，財務情報だけでは企業価値を表現することができないといった問題から説明される。その背景では，企業不正の防止策の構築の必要性に加えて，地球環境の温暖化といった環境問題に関連して，**企業の社会的責任**（CSR）への注目の高まり，および**持続可能な開発目標**（SDGs）に向けての企業行動の変化の必要性，ならびにアクティビストをはじめとした投資家の意識変化および投資行動の変化など，現代のさまざまな問題が関連している。

これらは，短期利益を追求した株主第一主義の資本主義から幅広いステークホルダー資本主義への変換を生じさせているとも考えられて，個々の企業が自らの企業価値を創造・向上していく上で，非財務情報の開示と財務情報とのかかわりについての説明がきわめて重要となる。

日本では，金融庁によって2014年に機関投資家向け投資行動規範を定めたスチュワードシップ・コードおよび2015年に上場企業向け企業統治（コーポレート・ガバナンス）の原則・指針を示したコーポレートガバナンス・コードなどが策定されて，ガバナンス情報，**事業等のリスク情報**，**環境・社会・ガバナンス**（ESG）情報に加えて，**サステナビリティ情報**などの情報開示の拡充が図られている。

昨今では，それらに加えて，**気候変動リスク**が財務情報に及ぼす影響の開示にも注目が集まっている。これらは，従来までの財務報告制度の拡充に向

けた潮流であり，第14章で説明される。

参考文献 ◇◇
伊藤邦雄［2022］『新・現代会計入門（第5版）』日本経済新聞出版社。
稲盛和夫［1998］『実学―経営と会計―』日本経済新聞社。
桜井久勝［2023］『財務会計講義（第24版）』中央経済社。
『週刊ダイヤモンド』［2023］6/24号，pp.24-25。

確認テスト

① 株式会社の会計の定義を示して，具体的にどのようなものか，説明しなさい。

② 財務会計と管理会計では何を学ぶのか考えて，説明しなさい。

③ Ｅ社は，現在，パソコン事業部門の次期経営計画において，予想利益の達成に向けての戦略を練っている。そこで，経営計画を立てる前に現状を把握するため，現在の状況での損益分岐点の売上高がいくらになるかを計算しなさい。

【資料】　販売数量：20千台/年

　　　　販売単価：＠100千円

　　　　費用内訳：製造原価等の変動費　＠40千円

　　　　　　　　　給料および工場兼事務所の賃借料等の固定費　900千円/年

④ 下記の①〜⑦に当てはまる金額はいくらか。

期首

連結貸借対照表

（単位：百万円）

資産		負債		
	13,500			8,000
		純資産		
		株主資本		
		資本金	2,000	
		繰越利益剰余金	2,000	4,000
		その他の包括利益累計額		1,500
				5,500
	（13,500）			（13,500）

期中

連結損益及び包括利益計算書

（単位：百万円）

収益	120,000
費用	115,000
当期純利益	（　①　）
その他の包括利益	800
包括利益	（　②　）

期末

連結貸借対照表

（単位：百万円）

資産		負債		
	18,000			（　⑦　）
		純資産		
		株主資本		
		資本金	2,000	
		繰越利益剰余金	（　③　）	（　④　）
		その他の包括利益累計額		（　⑤　）
				（　⑥　）
	（　　　）			（　　　）

Column1 　純粋持株会社と連結財務諸表

　日本では，1997年に「私的独占の禁止及び公正取引の確保に関する法律」（**独占禁止法**）が改正され，**純粋持株会社**の設立が容認された。**持株会社**の形態には，**事業持株会社**と**純粋持株会社**がある。

　事業持株会社は，自らも主たる事業を行いながら，他の企業の事業を支配するために，他の企業の株式を保有する会社である。

　純粋持株会社は，他の企業の事業を支配することを主たる事業として，他の企業の株式を保有する会社である。

　ファーストリテイリング㈱（以下，FR社）は，2022年8月31日時点において，子会社128社および関連会社3社の株式を保有する純粋持株会社である。下記は，FR社の単体の損益情報と連結企業集団の損益情報の一部を抜粋して比較したものである。

　FR社の連結の売上高は2兆3180億円であり，親会社である単体の売上高2831億円の8.19倍の大きさである。これは，FR社の事業活動は実質的に子会社に依存していることを示している。

　すなわち，子会社の財務業績がFR社全体の財務業績に重要となり，FR社のような純粋持株会社の財務状況を分析・評価するためには，（個別・単体）財務諸表以上に，連結財務諸表を利用する必要性が明らかになる。

ファーストリテイリングの損益情報（抜粋）

	2023/08/31（単位:百万円）		連単
	単体	連結	倍率*1)
売上高	283,165	2,318,073	8.19
営業利益	186,828	296,265	1.59
税金等調整前当期純利益*2)	292,072	413,584	1.42
法人税等	33,868	128,834	---
当期純利益	258,203	284,750	1.10

＊1）連単倍率は，連結の数値÷単体の数値で計算する。
＊2）（個別）財務諸表では，税引前当期純利益という。

第**2**章

会計の機能と
制度会計の枠組み

本章のズバッ！と

□会計は株式会社制度を支える役割（会計責任の解除
　の手段）を果たしている。
□会社法は会計の利害調整機能を利用して債権者保護
　を図っている。
□金融商品取引法は会計の情報提供機能を利用して投
　資者保護を図っている。

キーワード

　会計責任，利害調整機能，債権者保護，会社法，
　情報提供機能，投資者保護，金融商品取引法，会計基準

1 会計の役割とは

　前章において会計とは「経済主体が営む経済活動を，認識，測定，記録して，伝達するもの」であることを学んだ。では人々はなぜそのようなことを行うのだろうか。会計とは，われわれの生活においてどのような役割を果たしているのだろうか。前章同様，まずは身近な例でこのことを考えてみよう。

〈エピソード04〉

　イチロー君は所属しているクラブの先輩にメンバー全員分の弁当とお茶を買ってくるように頼まれ，部費の中から10,000円を渡された。近所の弁当屋さんで注文していた弁当とお茶を受け取った後，イチロー君が先輩に対してとるべき行動は次のうちどれだろうか。

① 弁当とお茶を先輩に渡し，お釣りは手間賃としてもらっておく。

② 弁当とお茶とお釣りを先輩に渡す。

③ 店でもらったレシートを示し，品物代とお釣りの金額を明らかにした上で，弁当とお茶，お釣りを先輩に渡す。

　会計の話を抜きに常識的に考えても，正解は③であろう。イチロー君はクラブのお金を預かり，弁当とお茶を買ってくることを任されたのである。したがって，弁当とお茶がいくらであり，預かったお金からその代金を払った結果いくら残ったのか，金額を明らかにした上で自分が行ったことを説明する責任がイチロー君にはある。本来ならイチロー君は弁当とお茶の単価，購入数量，支払金額，受け取ったお釣りの額など，お金の動きがわかるような報告書を作り，これをもとに先輩に説明すればなお良いが，それらはレシートに記載されているので，この場合はレシートを先輩にみせて説明すれば十分であろう。

　「会計」は英語でaccountingという。このaccountには「説明する」という意味がある。上記のレシートは，買い物という経済活動を認識，測定，記録

したものの一種である。このような会計記録が，お金を預かった人から預けた人に対しての義務として行われる「説明」には不可欠なのである。

2 会計のもつ元来の機能—会計責任の解除

　前節のエピソードを，本書が対象とする株式会社に置き換えて考えてみよう。株式会社とは，簡単にいえば，出資者から預かったお金を経営者が事業活動に運用する，という仕組みの会社である。株式会社への出資者は，お金をその会社に払い込むのと引き換えに株券を受け取り，**株主**と呼ばれるようになる。

　株主は通常，株式会社の所有者であるとされる。なぜなら通常モノは，それに対してお金を払った人の所有物になるためである。つまり，会社もお金を出した人（＝株主）のモノと考えられる。株式会社では実際にお金を使って事業を行うのは経営者であり，出資者（所有者）自らが事業活動を行うことがない。このような特徴を**所有と経営の分離**と呼ぶ。つまり株式会社の経営者とは，株主の財産を預かり，使わせてもらっている立場にある。ゆえに経営者は，株主の財産を誠実に管理・運用する義務を負う。これを**受託責任**という。

　経営者は，年に一度開かれる**株主総会**において，株主から預かったお金の使い方（経営方針や事業計画など）を示し，株主から承認を得なければならない。同時に，預かったお金をどのように使い，その結果そのお金がどのように増減したかを株主に説明する義務を負う。この義務を**会計責任**という。
　前節の例でいえば，イチロー君がクラブに対して会計責任を負っていたといえる。イチロー君の経済活動の概要はお弁当屋さんがくれたレシートで十分説明することができた。だが株式会社の場合，そこで行われる経済活動は単純な物品の購買よりもっと複雑であり，また社外の何者かが会計記録を作成してくれるわけでもない。そこで会社は自ら会計記録を残し，それらをもとに**財務諸表**を作成し，株主に提示する。

財務諸表のうち，貸借対照表は資金をどのように調達し，それをどのように使っているかを示す。損益計算書はどのような活動を通じてどれだけの損益が生じたかを表す。キャッシュフロー計算書では活動別に動いたキャッシュの金額がわかる。これらを株主にみせることは，預かったお金の使途と顚末を説明することになる。つまり，財務諸表の作成・公表によって経営者の会計責任が果たされる。具体的には，株主総会において財務諸表が株主に提示され，これを株主が承認することによって経営者の会計責任が**解除**される。このように，会計は株式会社の経営者の会計責任を解除する機能をもっている。

3 継続企業と期間損益計算

　株式会社の原型はすでに中世ヨーロッパに存在していたといわれる。それが冒険事業である。冒険事業では，まず出資者を募り，集めたお金で船や備品を購入し，商品を仕入れ，乗組員を雇う。その後海を渡ってアジアへ出向き，現地でしか手に入らないような品々を買い付けるとともに，持ち込んだ商品も販売する。その後帰国し，持ち帰った物品を販売する。当時の冒険事業では，1回の航海を終えると，持ち帰った品物だけでなく，船を含めた全資産を売却し，出資者で山分けするのが慣例であった（友岡［2006］p.74）。すなわち，冒険事業を行ったグループを1つの会社とみなせば，1つのプロジェクトの終了と同時に会社を解散・清算していたことになる。

　このように活動期間が限定されている会社は**当座企業**または**清算企業**などと呼ばれる。これらの会社では，最初の出資額と終了時点での全資産の換金額を比較し，活動期間全体の損益を算定するような会計（図表2-1左表）で事足りる。事業終了時点が最初からわかっているのだから，事業の途中で「今どれだけもうかっているか」を知ることは，さほど重要ではない。もう少し詳しい情報が必要であれば，せいぜい各資産の売却総額と購入・支出総額を比較した計算表（図表2-1右表）で十分だろう。

図表2-1　当座企業において必要な会計計算

清算後現金残高	14,000	3年間の商品売却総額	22,600	
設立時出資額	10,000	清算時の船舶売却額	2,800	
全活動期間損益	4,000	清算時の備品売却額	520	25,920

設立時に10,000の出資を受け設立された当座企業が3年間の冒険事業を行った後，解散・清算（すべての資産を換金）した。清算後の現金残高は14,000だった。

3年間の商品購入総原価	14,200	
渡航のための船舶購入総原価	4,000	
航海中に使用した備品購入総原価	1,200	
航海中の生活費支出総額	1,580	
航海中の経費支出総額	340	
航海中の船舶修繕費支出総額	600	21,920
全活動期間損益		4,000

　このような会計計算は，**口別損益計算**または**全体損益計算**と呼ばれる。これは，極端にいえば，活動の中で生じた原価をすべて費用として，全資産の売却額から差し引いて損益を求めるだけの，きわめてシンプルな計算で済む。ところが，現代にはこのような会社は存在しない。どの会社も基本的には会社が存続するかぎり事業活動を継続していく。このような会社のことを**継続企業**という。継続企業の会計では，口別（全体）損益計算は不可能である。継続企業では会社の解散や終了時が想定されていないので，会社の倒産などがないかぎり，いつまでたっても損益計算が行われないことになるためである。また，複数の事業プロジェクトが同時進行すれば，収益・費用を口別に分けることも難しくなる。

　そこで継続企業においては，人為的に期間を区切り，定期的に損益計算が行われる。もう少し詳しくいえば，一定の期間において生じた収益と費用を集計し，その期間における損益が計算される。このような会計計算を**期間損益計算**という。現代では，損益計算のために区切られる期間（会計期間）は通常1年であり，基本的に1年ごとに損益計算が行われる。

期間損益計算において重要となるのは，支出されたお金，すなわち原価を当期の費用と次期以降の費用とに分ける計算である。たとえば上の冒険事業の損益計算では，買い付けた商品は解散時までにすべて販売されるので，商品の原価はすべて費用として計上できる。ところが期間損益計算を行う場合，期末までに仕入れたすべての商品が売れるとは限らない。売れ残った場合には，商品の原価を，当期販売分と未販売分とに分け，前者を当期の費用（売上原価）として損益計算書に，後者を資産として貸借対照表に計上する必要が出てくる。また船も1度のみならず次回以降の航海にも用いられることになる。とすれば，1年間の船の使用によってどの程度その価値が減少したかを見積もり，その価値の減少分を，1年間の事業活動のために費やされた原価として損益計算書に費用計上し，残った原価を貸借対照表に資産として計上する必要も生じる。

　このように，事業活動にかかった原価を，当期に費やされた分と次期以降に費やされる分とに分けるような計算を**期間配分**と呼ぶ。この期間配分が，継続企業の会計，すなわち期間損益計算の重要な特徴であり，20世紀にあっては会計上の中心的課題であった。

4 利害調整機能と債権者保護

　株式会社は株主以外の人々の利害にも注意を払って経営を行う必要がある。たとえば，会社は株主からの出資以外にも，銀行などの金融機関からの借り入れによって資金調達を行う。お金を貸している立場にある者を**債権者**という。ところが債権者と株主は互いに利害が対立する関係にある。株主は会社から配当金の支払いを，債権者は会社から利息の支払いや元本の返済を受けるが，会社がもつお金には限りがある。株主にあまりに多くの配当が支払われてしまうことは，債権者に利息や元本の支払いを行うための財源が小さくなり，債権者がそれらの支払いを受けられなくなる可能性の高まることを意

味する。

　また，株主と債権者を比べた場合，株主には何かと有利な点が多い。前述のように，株主は株式会社の所有者であり，株主総会において議決権を有している。配当額に不服であれば増配を求めることも可能である。一方，債権者は単に契約に基づいて貸付を行っているに過ぎず，株主総会に参加する権利はない。さらに会社の債権に対する株主の責任は有限である。たとえばある株式会社が倒産したとする。会社に残った資産はすべて処分され，債権者への返済に充てられる。こうなれば，株主に出資した金額が返ってくることはなく，株主は出資額を失うことになる。ただし，その出資額を超えて株主の財産が損なわれることはない。たとえば，会社の資産をすべて処分してもすべての債務を返済することができなかった場合，その不足額の返済が株主に求められることはない。

　株主の責任を出資額に限定することを**有限責任**という。有限責任とは，株式会社というシステムを支える重要な概念である。もし株主が，自分の個人的な財産を処分してまでも会社の債務を返済する責任（無限責任）を負わされるとしたら，株式投資はあまりにリスクが大きく，株式を購入する者は激減しよう。となれば，株式会社の存在自体が難しくなる。株主が有限責任であるからこそ，人々は安心して株式投資を行うことができる。一方で，債権者にとっては，利息の支払いや元本返済の財源として期待できるのは会社の資産のみとなる。

　このように，株主と債権者はともに会社の活動資金の提供者という似た立場にありながら，両者の利害は対立する。ここに，株主のみならず債権者の利害にも注意を払わなければならない，すなわち債権者保護の必要性が生じる。日本では明治時代から，商人を規制する法律として商法が存在してきた。商法の中で株式会社に関する規定を独立させたのが**会社法**である。日本では，

商法や会社法において債権者保護が図られてきた。

　会社法では株式会社に対して財務諸表の作成を義務づけている。その理由は株主と債権者の利害調整にある。つまり会社法では両者の利害調整のための一手段として会計が位置づけられている。財務諸表を作成することによって，利益が計算されるのは周知のとおりであるが，利益額の範囲内で株主への配当が行われれば，配当によって債権者への支払いのための財源が不当に損なわれることはなくなる。利益は一般的に純資産の増加分と捉えられる。ゆえに，利益額を超えた配当を行うことは，既存の資産を切り崩して配当金を捻出することを意味する。このようなことが行われれば，会社の財務的基盤が弱体化するのは明らかである。このことは，債権者のみならず，株主にとっても不利益となる。

図表2-2　過度の配当による財務的基盤

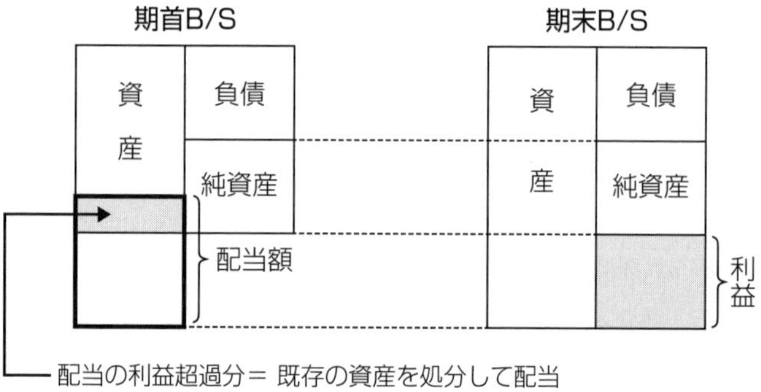

期首B/S　　　　　期末B/S

　財務諸表の作成を通じて利益の金額を明らかにするということは，配当可能な金額の範囲を決定するという意味をもつ。その金額がわかれば，株主も過度の配当を経営者に求めることはしないであろうし，過度の配当が行われなければ，財務的基盤が維持され，債権者も不利益を被らずに済む。すなわち，会計という行為を通じ，株主と債権者間の対立する利害が調整されるの

である。こうした観点から計算される利益は**配当可能利益**（または**処分可能利益**）と呼ばれ，会計のもつこのような機能を**利害調整機能**と呼ぶ。かつて日本では，会社法の前身である商法が**会計制度**（会計に関するルール上の枠組み）の中心にあるとの見方が一般的であり，利害調整が会計の主たる役割と考えられてきた[1]。利害調整を重視する会計を本書では「伝統的会計」と呼び，その特徴を第3章で詳しく学ぶ。

　日本の会社法では，第435条第1項に，本法の適用対象（株式会社）に対し，「各事業年度に係る計算書類」（財務諸表）の作成を要求している。この「計算書類」については「貸借対照表，損益計算書その他株式会社の財産及び損益の状況を示すために必要かつ適当なものとして法務省令で定めるもの」とある。この「法務省令」とは，具体的には「**会社計算規則**」という，株式会社が作成する財務諸表に関するルールである。「**会社計算規則**」では，貸借対照表と損益計算書をはじめ，純資産の部の変動を明らかにする「株主資本等変動計算書」，財務諸表の作成に当たって採用された重要な会計方針や各財務表に関する注記をまとめた「注記表」ならびに，特定の資産・負債および費用の明細や他の財務諸表の補足情報を記した「附属明細書」の作成が求められる。

　これらの計算書類は株主に対して提供され（会社法第437条），さらに株主総会において株主の承認を受けなければならない（会社法第438条）。また株主総会後，貸借対照表を**公告**することも義務づけられている（会社法第440条）。ただし，会社法が定める大会社（資本金5億円以上または負債総額200億円以上の会社）は，貸借対照表と損益計算書の両方を公告することが求められる。

---

1)　それゆえ，後述する会計の「情報提供機能」が商法会計によって制限されてしまう（染谷［1993］p.4）という面も指摘されていた。

5 金融商品取引法と情報提供機能

　株式会社の経営者は，株主の財産を誠実かつ慎重に運用する責任があることはすでに述べたが，株主も財産を預けるにあたっては慎重な決断が必要となる。なぜなら，現代では投資先となる株式会社は多数存在し，投資先を間違えば，自らの財産を損なう結果となるからである。株式や債券，不動産その他に投資を行う者全般を**投資者**と呼ぶが，会計学において投資者という場合には，株式や債券を対象に投資活動を行う者を指すのが一般的である。

　投資者の目的は，配当金の受領や購入した株式の市場価格の上昇などによる利殖である。ゆえに投資者は，投資額に対するリターンが大きいと期待する会社に投資する。会計学においては，投資者は合理的な方法でその期待を形成すると考える。具体的には，投資先の会社に将来入ってくる現金（将来キャッシュインフロー）と会社から出ていく現金（将来キャッシュアウトフロー）の差額，すなわち将来の正味キャッシュフローの金額およびその時期や見込みを評価することを通じ，リターンに対する期待が形成される。現金が特定の時期に十分かつ確実に入ってくることが予測できれば，この会社には配当金をはじめとする各種の支払能力が十分にあり，さらに十分な支払能力はその会社の円滑な経営活動を可能にする。ゆえにこのような会社は，投資額に対するリターンの額や確実性が十分に期待できる会社と評価され，優れた投資先と判断される。

　では，将来の正味キャッシュフローはどのように評価されるのであろうか。まず，①会社がもっている資産がキャッシュインフローを，負債がキャッシュアウトフローを生む源泉と捉えられ，資産・負債が貨幣単位によって測定される。そこに②資産・負債に増減をもたらす要素としての収益・費用，ならびに③過去のキャッシュフローを集計した情報が加味され，将来キャッシ

ュフローに関する評価に用いられる。具体的には，①貸借対照表，②損益計算書，③キャッシュフロー計算書を中心とした，1組の財務諸表によって示される情報から将来の正味キャッシュフローの予測が行われ，投資額に対するリターンについての期待が形成されていく。このような論理の下，会計には，投資先を決定する（**投資意思決定**）のに有用な情報を提供する機能があると考えられている。

　財務諸表は投資意思決定にのみ役立てられているわけではない。たとえば銀行等の金融機関が会社に対して融資を行う際，その融資額や融資自体を行うか否かの決定にも用いられる。このような融資者（融資が実行された後は債権者）も企業から利息の支払いや元本の返済という形で現金を受領する立場にある。融資先の企業の支払能力を知る上で，財務諸表に基づいた将来正味キャッシュフローの評価は重要となろう。

　融資者・債権者以外にも，仕入先・得意先，従業員，政府および監督官庁，あるいは一般の個人は，何らかの形で企業と経済的な利害関係をもっており，それぞれの立場からさまざまな**経済的意思決定**を行う。たとえば本書の中心的な読者であろう大学生は，今後自分の就職先を選ぶことになるので，いわば潜在的な従業員といえよう。就職はその人の生活を経済的に左右する問題なので，財務諸表から得られる情報は就職先の決定に際して有用な情報の1つとなろう[2]。

　会計は財務諸表の作成・公表を通じ，投資者，融資者をはじめとする多くの利害関係者の意思決定に有用な情報を提供する機能を有している。これを会計の**情報提供機能**と呼ぶ。なお本節における上記の内容は，国際会計基準審議会（International Accounting Standards Board：IASB）の概念フレー

---

2)　就職活動に役立つ財務諸表の分析方法を紹介している文献として友岡他［2012］があげられる。

ムワークに記された所を簡潔かつ平易に叙したものである。今日では，投資者を中心とした利害関係者の意思決定に有用な情報の提供が，会計の一義的な機能であり，同時に会計の主たる目的であると広く考えられている。情報提供を重視した会計を本書では「現代会計」と呼び，その詳細を第4章で学ぶ。

　財務諸表が公表されない，あるいは公表された財務諸表がその会社の状態を適正に反映していない場合，多くの利害関係者は合理的な意思決定ができない，あるいは誤った意思決定をしてしまい，甚大な損害を被る結果となる。その代表的な事例が1929年に起きたニューヨーク証券取引所の株価大暴落である。1920年代のアメリカでは，消費の伸び悩みから企業の設備投資が停滞したため，富裕層の余剰金が株式投機（購入した株式を市価の上昇時に売却し，差益を得ることを目的とした短期的な株式売買）に充てられるようになった。そのため急騰したニューヨーク証券取引所の株価が1929年10月24日に突如大暴落し，多くの投資者が損害を被った。このことは世界大恐慌の銃爪<ruby>銃爪<rt>ひきがね</rt></ruby>となり，アメリカのみならず世界経済にも大きなダメージを与える結果となった。

　当時，株価大暴落の一因と考えられたのが財務諸表である。ニューヨーク証券取引所の上場企業の財務諸表が，会社の状況を正しく反映していなかったがために，投資者を誤った意思決定に導いてしまった（投資者をミスリードした）ことが，株価の急騰・急落につながったと考えられたのである。

　その後アメリカでは，このような事態の再発を防ぎ，投資者が不当な損害を被らないようにするため，各種の制度が整備されていった。その代表が1933年の証券法および1934年の証券取引所法の制定である。この法律は，いわゆる上場企業に対し，社会的に認められた適切な方法に基づいて作成され，かつ専門家にチェックを受け会社の状況を適正に反映していると判断された財務諸表の公表を義務づけている。適正な財務諸表を通じて適正な情報を伝

えることは，投資者に合理的な投資意思決定を行わせることを可能にする。その結果，投資者は不当な損害から守られる。証券取引法は，適正な財務諸表が作成されるように計らいながら，会計のもつ情報提供機能を利用し，投資者保護という目的を果たそうとしている。

　アメリカの証券二法をモデルとして，日本でも1948年に同名の法律が制定された。現在ではこの法律は**金融商品取引法**と名称を変えている。金融商品取引法の第1条では，金融商品の公正かつ円滑な取引の実現など，この法律の目的が定められているが，その目的の1つとして投資者保護があげられている。日本国内の証券取引所で株式や社債（有価証券）を売り出す会社（上場企業）は，会社名や事業内容，経理の状況などを記した**有価証券報告書**という書類を作成し，内閣総理大臣に提出する（金融商品取引法第5条・第24条）。

　ここでいう「経理の状況」とは財務諸表によって示される。金融商品取引法が求める財務諸表は，**財務諸表等の用語，様式及び作成方法に関する規則**（財務諸表等規則）という内閣府令によって定められている。具体的には貸借対照表，損益計算書，株主資本等変動計算書，キャッシュフロー計算書，附属明細書の作成が求められる（財務諸表等規則第1条）。金融商品取引法が求める財務諸表には，個々の会社の財務諸表（個別財務諸表）だけでなく，その会社が属する企業グループ全体の財務諸表（連結財務諸表）も含まれる。

6 会計基準と会計監査

　日本には会社法と金融商品取引法という，財務諸表の作成を企業に義務づけている2つの法律が存在する。したがって，株式会社であり，かつ上場企業である会社は，この2つの法律に基づいて2組の財務諸表を作成する必要が生じる。ところが，会社計算規則も財務諸表等規則も，作成すべき財務諸表の種類やその様式・記載項目などを定めているだけで，計算および表示に

関する具体的な規定は設けていない。この点に関し，会社法は「株式会社の会計は，一般に公正妥当と認められる企業会計の慣行に従うものとする」（会社法第431条）とし，金融商品取引法も「内閣総理大臣が一般に公正妥当であると認められるところに従って内閣府令で定める用語，様式及び作成方法により，これを作成しなければならない」（金融商品取引法第193条）と述べるにとどまっている。これは一般的には，**会計基準**に準拠して財務諸表を作成することを求めた条文と解釈されている。

　会計基準とは，社会全般に認められた，財務諸表作成のための計算・表示に関する方法をまとめたもの，と理解すればよいだろう。日本で会計基準に該当するのは，1949年に旧大蔵省の諮問機関である企業会計審議会が設定した企業会計原則や2001年以降，公益財団法人財務会計基準機構の企業会計基準委員会（Accounting Standards Board of Japan：ASBJ）が設定・公表している企業会計基準である。

　一方で，企業活動が複雑化した現代では，会計基準も複雑化しているため，基準の誤解や，適用上の誤りなど，会計基準に準拠して財務諸表を作成したつもりでも，誤った財務諸表が作成される場合もある。また故意に財務諸表の数値を歪めるなどの不正が行われる場合もある。適正な財務諸表が作成されなければ，会社法や金融商品取引法が目的とする利害調整や投資者保護を図ることはできない。ゆえに両法律とも，会計の専門家に財務諸表の適正性についてチェックを受けるよう義務づけている。このチェックを**会計監査**といい，**公認会計士**と呼ばれる専門家によって担当される。

　日本の会計基準である企業会計原則や企業会計基準については，次章以降を読み進めることによってその詳細を知ることができる。また，公認会計士が行う会計監査については第11章で説明される。

参考文献 ◇◇◇

染谷恭次郎［1993］「法と会計学―財務諸表の目的に関連して―」『會計』第144巻
　第6号，pp.1-8。
友岡賛［2006］『会計の時代だ―会計と会計士の歴史―』筑摩書房。
友岡賛編，齊藤博・今野喜文・中山重穂著［2012］『就活生のための企業分析』八
　千代出版。
IASB（2018）*Conceptual Framework for Financial Reporting,* London, IFRS Foun-
　dation.

確認テスト

次の文章の（　　　）に当てはまる言葉を答えなさい。

（１）法では株式会社に対して財務諸表の作成を義務づけているが，その目的は（２）の保護を通じ，（２）と（３）との（４）を行うことにある。会社の持ち主である（３）には，（５）への参加や（６）が認められており，（２）は相対的に弱い立場にある。したがって，（２）に保護措置を講じることが（１）法の目的の１つであり，その一環として財務諸表の作成が要求される。（２）保護の観点から計算される利益は，いわば（３）に配当できる上限額としての意味をもち，その意味で（７）利益と呼ばれる。このように財務諸表の作成によって（２）と（３）の間の利害対立が解消されることになる。会計が果たすこの役割を，会計の（４）機能と呼ぶ。一方，（８）法でも，いわゆる上場企業に対し，財務諸表の作成が義務づけられている。その目的は投資意思決定に役立つ情報の提供を通じた（９）の保護にある。財務諸表利用者の意思決定に有用な情報を提供するという会計のもつ役割を会計の（10）機能と呼ぶ。

発展テスト

① 株式会社A社は，当期首に建物（購入代価￥99,900,000，仲介手数料￥100,000，耐用年数20年，残存価額￥０）を取得した。会社法の下で作成する当期末の貸借対照表に当該建物をどのように表示すればよいか。「会社計算規則」と「企業会計原則」に準拠し，計算・表示を行いなさい。なお，減価償却については，企業会計原則に列挙されている減価償却方法のうち，最初に示されている方法を用いなさい。

② 20世紀の日本では，なぜ利害調整を重視した会計が制度として定着していたのか。当時盛んに論じられていた「日本型経営」という観点から考察しなさい。

■□□
□□■ **本章のもうチョッと‼**

広瀬義州［1997］「「企業会計原則」の見直しに伴う課題」『旬刊商事法務』第1446号，pp.2-8。

第3章

伝統的会計の枠組み

本章のズバッ！と

□伝統的会計は，世界大恐慌の反省を踏まえ，1930年代のアメリカで誕生し，日本には，第2次世界大戦後に導入された。

□伝統的会計では，企業の業績である利益を示す損益計算書を最も重視することから，一般的に収益費用観に基づいているといわれている。

□伝統的会計では，経営者による利益調整の可能性を排除できないという問題点が指摘されている。

キーワード

収益費用観，配分，実現主義，会計公準，企業会計原則

1 伝統的会計の誕生

第1次世界大戦後，アメリカ経済は繁栄を誇っていた。しかしながら，1929年10月24日，アメリカのウォール街にあるニューヨーク証券取引所（NYSE）の株価が突如大暴落した。これにより世界各国は連鎖的に大不況に陥った。これが世界大恐慌である。

この世界大恐慌は，さまざまな変化を世界にもたらしたが，会計実務にも大きな変化をもたらした。世界大恐慌以前のアメリカでは，企業の財政状態を示す貸借対照表が重視されていた。そこでは，企業が保有する資産について，購入価格ではなく，時価による評価がなされていた。世界大恐慌が起きる直前のバブル期には，そこで表示される数値が過大になり，実態と異なるものになっていった。

世界大恐慌は，このような投資者をミスリードするような会計実務も一因となって起きたといわれている。その反省から，世界大恐慌後のアメリカでは，過大な資産評価を生じさせないような仕組みを内在させ，企業の経営成績を示す損益計算書を重視する会計の構築に取り組んだ。この世界大恐慌を起因として誕生した会計こそが，伝統的会計と呼ばれているものである。

2 伝統的会計を支える諸概念

1930年代のアメリカで誕生した伝統的会計を考える上で，欠かすことのできない概念として，**発生主義**，**実現主義**，**費用収益対応の原則**，**取得原価主義**，および**費用配分の原則**をあげることができる[1]。

---

1) これら諸概念は，向［2007］pp.30-31を参考にして列挙した。

(1) 発生主義

　収益および費用をどのタイミングで認識するかという問題に対し，現金の流入時に収益を，流出時に費用を認識するという考え方がある。これは，**現金主義**と呼ばれる。しかしながら，事業活動が継続的になり，かつ，固定資産が増加するようになると，現金主義に基づいた収益および費用の認識では，適正な**期間損益計算**が不可能になる。そこで考えられたのが発生主義である。発生主義とは，経済的事実の発生に基づいて収益および費用を認識する考え方をいう。この考え方のもとでは，経済的価値の創造により収益が認識され，経済的価値の費消により費用が認識される。

(2) 実現主義

　発生主義に基づいて収益を認識した場合，1つの問題が生じる。それは，未実現収益あるいは未実現利益の認識という問題である。発生主義に基づけば，現金の流入が確実でない段階であっても，経済的価値の創造により収益が認識される。そのため，資金的裏づけのない収益が認識されうる。それゆえ，利益も資金的裏づけに欠けることになる。すなわち，未実現利益が認識されうるのである。その結果，資金が不足している状況においても，配当等により資金が社外流出してしまう危険性が生じてしまう。このような未実現利益の認識は，処分可能利益計算を主目的とする**利害調整機能**の観点から問題視される。そこで，この問題を解消するのが，実現主義に基づく収益の認識である。実現主義とは，収益に関しては，収益の確実性と金額の客観性が認められた時点で収益を認識するという考え方である。これにより，収益，ひいては利益は資金的に裏づけられたものとなる。

(3) 費用収益対応の原則

　実現主義により認識した収益と，それに対応する発生費用を費用として認識させることで，差額としての利益，すなわち**実現利益**を計算する。このような収益と費用の対応要求を，費用収益対応の原則という。この対応には2

つの意味がある。1つは，売上高と売上原価のような，収益と費用とが，商品または製品を媒介とする直接的・客体的な対応関係を有する**個別的対応**である。今1つは，売上高と減価償却費のような会計期間だけを唯一の媒介として対応関係を有する**期間的対応**である（飯野［1993］p.11-36）。

(4) 取得原価主義

伝統的会計における資産測定は取得原価が用いられることになる。これを取得原価主義という。取得原価による測定が要求されるのは，実現利益の認識と関係する。取得原価を超える金額で測定すると，未実現利益を認識することになるからである。それを回避するため，資産測定において，取得原価による測定が行われる。

(5) 費用配分の原則

原価のうち，費用収益対応の原則に基づき，収益の獲得に貢献したと判断された部分を費用とし，次期以降の収益の獲得に費やされる部分を資産として配分する。この考え方を費用配分の原則，あるいは，配分原則という。

伝統的会計は，企業の適正な期間損益計算を第一義とし，貸借対照表を損益計算書の連結環と捉えることに，その特徴がある。ここで列挙した伝統的会計を支える諸概念は，この観点から導出されるものである。そのため，繰延資産など換金価値がなく，リアリティのないものであっても，費用収益対応の原則および費用配分の原則に基づき，資産として計上されるものも存在することになる。これは期間損益計算を適正なものにするためのものであるが，後に伝統的会計が否定される上での重要な論点となった。

伝統的会計の諸概念に支えられた代表的な会計処理である減価償却を，次のエピソードをもとに考えてみよう。

〈エピソード05〉

　航空会社である株式会社Ichiroは，300億円の航空機を購入した。決算に際し，この航空機の減価償却を行うことになった。減価償却費の算定にあたって，この航空機から収益が得られる年数（耐用年数）の見積りと，その年数経過後の航空機に残された価値（残存価額）の見積りを行った。その結果，今期の減価償却費は10億円，航空機の帳簿価額は290億円となった。

　このエピソードを，伝統的会計を支える諸概念から紐解いてみよう。減価償却費10億円や帳簿価額290億円の算出は，費用配分の原則から説明可能である。さらに，減価償却費10億円は費用収益対応の原則に従い，利益計算に反映されることとなる。加えて，帳簿価額290億円は必ずしも航空機の現在価値を表しているものではなく，適正な期間損益計算のために，副次的に算出されるものといえるのである。

3 伝統的会計と整合的な収益費用観

　伝統的会計は，**収益費用観**という会計観に立脚して展開されてきた（桜井［2017］p.44）。そもそも，会計観とは，会計あるいは利益計算をどのように捉えるかという観点をいう。それゆえ，伝統的会計を本質的に理解するためには，その観点，すなわち，収益費用観の理解が必要不可欠である。ここでは，その収益費用観が，いかなるものであるかについて確認する。

　アメリカの会計基準設定主体として，財務会計基準審議会（FASB）が1973年に設立された。それ以来，アメリカでは，FASBが会計基準を設定している。そのFASBは，1976年に討議資料『財務会計および財務報告のための概念フレームワークに関する論点の分析：財務諸表の構成要素とその測定』

を公表した。FASBは，その討議資料において，会計観として，**資産負債観**，**収益費用観**，および**非連携観**[2]を提示した。3つの会計観を提示したものの，FASBは，資産負債観と収益費用観を，会計観の両極と位置づけ（FASB[1976b] p.21），討議資料における議論は，両会計観に重きをおいたものとなっている。

　FASBによれば，収益費用観は，企業業績の測定値あるいは企業の利益稼得能力としての利益測定を重視するという（FASB［1976a］pars.38, 49）。ここでの利益は，もうけを得て，アウトプットを獲得し，販売するためにインプットを活用する企業の効率の測定値であると解される。このような意味での利益を算定するために，収益費用観は，利益を収益と費用の差額と定義する（FASB［1976a］pars.38, 49）。

　収益費用観のもとでは，収益および費用が，資産および負債よりも重視される（FASB［1976a］par.38）。収益費用観においては，適正な期間損益計算が最も重視されるため，資産の定義の本質をなすのは，そのような利益計算が，資産や負債およびそれに関連する概念の定義によって妨げられるべきではないという点にある（FASB［1976a］p.81）。このため，当期において支出は生じているものの，収益との対応が次期以降のため，当期において費消されていない原価，いわゆる未費消原価[3]が，資産の本質となる。

　このような考え方は，利益を一期間における企業の正味資源の増分の測定値として捉え，資産および負債の増減額に基づいて定義している資産負債観（FASB［1976a］par.34）の考え方と対比的に用いられることが多い[4]。

---

2)　非連携観は，資金観のことを指すとの見解もある。佐藤［1993］第7章を参照されたい。
3)　Paton and Littleton［1940］p.25.（中島訳［1958］p.43。）
4)　収益費用観と資産負債観という会計観は，必ずしも対立的あるいは排他的関係にあるとはいえず，補完関係にある部分も多く存在している。

4 会計公準

伝統的会計基準は，当時行われていた会計実務のうち，一般に公正妥当と認められたものを抽出したものであった。このような伝統的会計基準の理論的基礎として位置づけられるのが，**会計公準**である。会計公準とは，会計基準が依拠する基本的な諸仮定であり，会計基準を形成し，かつその会計基準を実際に適用するための通則またはその他の指針を展開するための有意義な基盤である（Moonitz［1961］p.1；佐藤［1958］p.67）。

会計公準，会計基準および会計実務の構造を図示したのが，図表3-1である[5]。この構造は，減価償却という会計処理が行われるのは，費用配分の原則というルールによるためであり，かつ，そのルールは企業が継続するという基礎的前提，すなわち会計公準に基づいているということを示している（飯野［1993］p.1-13）。

図表3-1　伝統的会計理論の構造

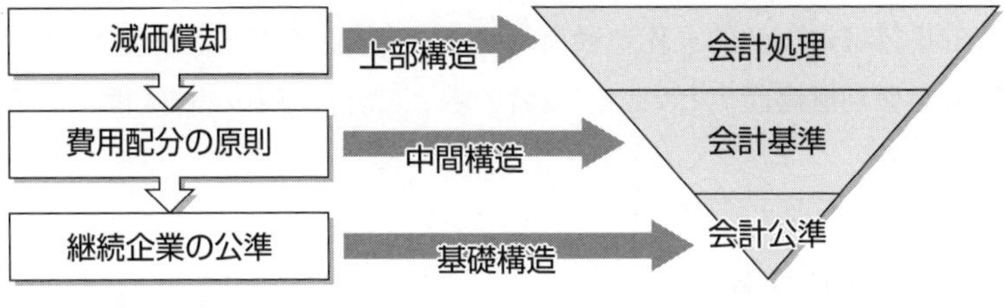

出所：飯野［1993］p.1-14。

---

5) 会計公準から会計基準が導出され，そこから会計実務が導出されていると解釈することもできる。

何を会計公準とするかに関しては，さまざまな考え方がある。たとえば，新井 ［1978］では，会計公準に関する先行研究から図表3-2のような分類を行っているが，一般的には，**企業実体の公準**，**貨幣的評価の公準**，および**継続企業の公準**という３つが会計公準として位置づけられている[6]。

図表3-2　新井 ［1978］ による会計公準の分類

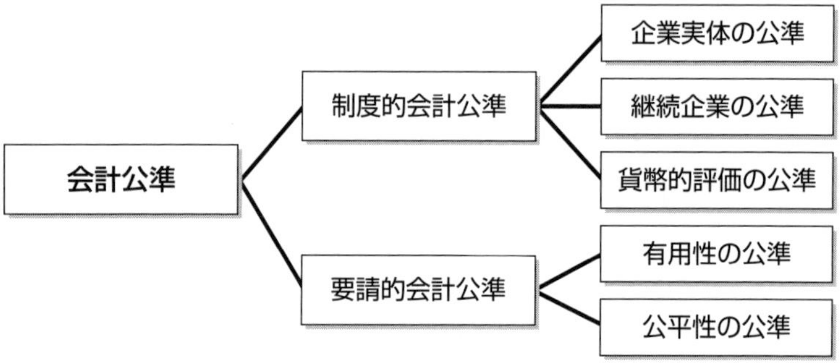

```
                              ┌─── 企業実体の公準
                ┌─ 制度的会計公準 ─┼─── 継続企業の公準
  会計公準 ──────┤              └─── 貨幣的評価の公準
                │              ┌─── 有用性の公準
                └─ 要請的会計公準 ─┤
                               └─── 公平性の公準
```

出所：新井 ［1978］ pp.191-192。

（1）企業実体の公準

　この公準は，会計を行うためには，会計単位が設定されるという前提をいう。会計単位には，法的実体と経済的実体があり，前者のもとで作成される財務諸表を個別財務諸表といい，後者のもとで作成される財務諸表を連結財務諸表という。

（2）貨幣的評価の公準

　この公準は，会計の記録，測定および伝達のすべてが貨幣額によって行われるという前提をいう。加えて，この公準は，貨幣価値が安定しているという前提でもある。

---

6)　会計公準の説明については，新井 ［1978］ および飯野 ［1993］ に依拠する。

44

(3) 継続企業の公準

この公準は，企業を，永続的に事業活動を行う継続企業とする前提をいう。この公準に基づき，企業の全期間を人為的な一定の期間に区切って，企業の利害関係者に会計情報が提供される。これは期間損益計算が行われるという前提でもあることから，**会計期間の公準**とも呼ばれる。

5 日本における伝統的会計フレームワーク─企業会計原則

第2次世界大戦後，さまざまな分野で，日本はアメリカの影響を受けた。会計制度もその例外ではないが，アメリカの影響を受けつつも日本の会計制度は，独自の発展を遂げた。日本では，商法会計（会社法会計），証券取引法会計（金融商品取引法会計）および税法会計に支えられた会計制度が構築された。このような体制は，**トライアングル体制**と呼ばれ，日本独自の会計制度としての特徴を有している。

商法会計は，**債権者保護**を目的として債務弁済能力の判断に焦点を当てた会計である。これに対し，証券取引法会計は，**投資者保護**を目的として収益獲得能力の判断に焦点を当てた会計である。税法会計は，課税所得計算に焦点を当てた会計である。このように，日本の法制度のもとでは，目的を異にする3つの会計が必要とされた。

これら目的の異なる3つの会計に対し，重要な役割を果たしていたのが**企業会計原則**である。企業会計原則は法令ではないため強制力はないものの，準拠すべき基準として位置づけられ，目的の異なる3つの会計制度を結びつける役割を有していた。このような役割を有する企業会計原則は，その前文にあるように，次の2点を根拠として設定された。

①当時の会計制度に改善すべき点が多く，統一されていなかったために，

企業の財政状態および経営成績を正確に把握することが困難な実状にあり，日本企業の健全な進歩発達のため，かつ社会全体の利益のため
②当時の経済再建上当面の課題である外貨の導入，企業の合理化，課税の公正化，証券投資の民主化，産業金融の適正化等の合理的な解決のため

　企業会計原則は，**一般原則**，**損益計算書原則**および**貸借対照表原則**から構成されている。ここでは，これら３つの原則の中で，上位概念である一般原則に焦点を当てて，その特徴を明らかにする。一般原則は，以下の７つから構成されている。

①真実性の原則

　企業会計は，企業の財政状態および経営成績に関して，真実の報告を提供するものでなければならない。

②正規の簿記の原則

　企業会計は，すべての取引につき，正規の簿記の原則に従って，正確な会計帳簿を作成しなければならない。

③資本取引・損益取引区分の原則（剰余金の原則）

　資本取引と損益取引とを明瞭に区別し，特に資本剰余金と利益剰余金とを混同してはならない。

④明瞭性の原則

　企業会計は，財務諸表によって，利害関係者に対し必要な会計事実を明瞭に表示し，企業の状況に関する判断を誤らせないようにしなければならない。

⑤継続性の原則

　企業会計は，その処理の原則および手続を毎期継続して適用し，みだりに

これを変更してはならない。

⑥保守主義の原則

　企業の財政に不利な影響を及ぼす可能性がある場合には，これに備えて適当に健全な会計処理をしなければならない。

⑦単一性の原則

　株主総会提出のため，信用目的のため，租税目的のためなど種々の目的のために異なる型式の財務諸表を作成する必要がある場合，それらの内容は，信頼しうる会計記録に基づいて作成されたものであって，政策の考慮のために事実の真実な表示をゆがめてはならない。

　企業会計原則における7つの一般原則の中心をなすのは，真実性の原則である（黒澤［1982］p.3）。真実性の原則とは，企業会計に対し，企業の財政状態および経営成績に関して，真実な報告を提供するものでなければならないことを要請した原則である。

図表3-3　一般原則の関係性

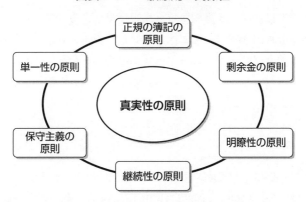

出所：黒澤［1982］p.4を参照し，筆者作成。

したがって，真実性の原則と他の一般原則は，並列関係にない。真実性の原則を最高規範として，それ以外の一般原則は企業会計の真実性に対する要請を表現しているのである（黒澤［1982］p.4）。それを図示したのが，図表3-3である。

　一般原則の下部原則として，損益計算書原則と貸借対照表原則が位置づけられている。損益計算書原則が貸借対照表原則よりも，先に位置づけられているのは，企業会計原則が，貸借対照表における財産計算よりも損益計算書における利益計算を優先していることを意味している。この点に加え，損益計算書原則において，発生主義の原則，費用収益対応の原則，未実現収益の計上禁止が規定されていること，ならびに貸借対照表原則において取得原価主義，費用配分の原則が規定されていることからも，企業会計原則が伝統的会計，ひいては本章第3節でみた，収益費用観に基づいていることが読み取れる。

6　伝統的会計の問題点─経営者の裁量介入

〈エピソード06〉
　パイオニアは2018年3月期から，大規模受注するソフトウエアの減価償却期間を従来の2年から5年に変更した。大手自動車メーカーから大量受注した車載機器のソフトウエア資産が貸借対照表上に積み上がっており，今後の減益要因として市場で懸念されていた。償却期間の変更で費用負担の平準化につながりそうだ。

（日本経済新聞，2017年11月25日朝刊，一部抜粋。）

　このエピソードは，パイオニアが**利益調整**を行ったことを示すものである。利益調整とは，公表利益を意図的にゆがめる経営者行動をいう（岡部［2008］p.2）。パイオニアが行ったのは，償却年数の延長による減価償却費の減額，

および，それに伴う利益の増額という利益調整である[7]。

　そもそも，減価償却とは，固定資産の取得原価を，その使用期間を意味する耐用年数期間にわたって費用化していく会計処理のことであり，その費用を減価償却費という。耐用年数を延長するということは，毎期の減価償却費が少なくなることを意味する。利益が，収益から費用を差し引いて求められることを踏まえれば，減価償却費という費用の減額は，利益の増額につながるのである。このように，パイオニアは，当初2年としていた耐用年数を自ら5年に延長することで，利益の増額という利益調整を行ったのである[8]。

　では，なぜパイオニアは，このような利益調整を行ったのであろうか。経営者が利益調整を行うのは，利益数値が誘発する経済的帰結を，経営者自身にとって有利なものとするためである（岡部［2008］pp.1-2）。

　パイオニアは，この利益調整により，いかなる経済的帰結を期待したのであろうか。パイオニアは，償却年数延長がもたらす利益の増額を資本市場に示すことで，減価償却費による減益という懸念を払拭し，株価の上昇を期待したと考えられる。事実，この公表後，パイオニアの株価は，1株206円から214円に上昇し，売買取引高も約5倍となった。

　このような利益調整は，収益費用観に基づいた会計であるがゆえに生じるという論調もある。しかしながら，資産負債観に基づけば利益調整はできなくなると判断するのは早計であろう。資産負債観については，第4章で学習することになるが，資産負債観にも多くの欠点が存在するからである。両者の長所を取り出し，かつ両者の欠点を補うホリスティックな会計の必要性が

---

7)　本来，減価償却という用語は有形固定資産に対して，償却という用語は無形固定資産に対して用いられる。ここでは，新聞記事に用語を合わせることとする。

8)　ほかには，利益減額や利益平準化などといった利益調整もある。

現在叫ばれているのはいうまでもない。

参考文献 ◇◇◇

新井清光［1978］『会計公準論（増補版）』中央経済社。

飯野利夫［1993］『財務会計論（三訂版）』同文舘出版。

岡部孝好［2008］「公表利益を歪める実体的裁量行動の識別と検出」『会計』第174巻第6号，pp.1-12。

黒澤清［1982］『解説 企業会計原則』中央経済社。

桜井久勝［2023］『財務会計講義（第24版）』中央経済社。

佐藤孝一［1958］『新会計学』中央経済社。

佐藤倫正［1993］『資金会計論』白桃書房。

佐藤倫正［2012］「ホリスティック会計観の実名」『税務経理』第9158号，p.1。

向伊知郎［2007］「財務諸表における認識と測定」（第5章）木村敏夫・向伊知郎編『財務会計論 ―国際的視点から―』税務経理協会，pp.29-36。

FASB［1976a］Discussion Memorandum, *An Analysis of Issues Related to Conceptual Framework for Financial Accounting and Reporting: Elements of Financial Statements and Their Measurement,* FASB.（津守常弘監訳［1997］『FASB財務会計のフレームワーク』中央経済社。）

FASB［1976b］*Scope and Implications of the Conceptual Framework Project,* FASB.（森川八洲男監訳［1988］『現代アメリカ会計の基礎概念―FASB財務会計概念報告書―』白桃書房。）

Moonitz, M.［1961］Accounting Research Study（ARS）No.1, *The Basic Postulates of Accounting,* Accounting Institute of Certified Public Accountants（AICPA）.（佐藤孝一・新井清光訳［1962］『アメリカ公認会計士協会 会計公準と会計原則』中央経済社。）

Paton, W.A. and A.C. Littleton［1940］*An Introduction to Corporate Accounting Standards,* AAA.（中島省吾訳［1958］『会社会計基準序説』（改訳）森山書店。）

確認テスト

① 伝統的会計で重視されていた財務諸表は何か？

② 企業会計原則の7つある一般原則の関係性を述べなさい。

③ 利益調整は，良いことか悪いことか，自身の見解を理由とともに述べなさい。

発展テスト

① 耐用年数の延長以外にどのような利益調整の方法があるか考えなさい。

② 実際に利益調整を行っていると思われる企業を探し，どのような利益調整を行い，どの程度利益が調整されているか考えなさい。

本章のもうチョッと‼

斎藤静樹編［2002］『会計基準の基礎概念』中央経済社。

桜井久勝［2023］『利益調整―発生主義会計の光と影―』中央経済社。

広瀬義州［1995］『会計基準論』中央経済社。

Scott, W. R. and P. C. O'Brien［2020］*Financial Accounting Theory*, 8th ed., Pearson Education Canada, Inc.（太田康弘・椎葉淳・西谷順平訳［2022］『新版 財務会計の理論と実証』中央経済社。）

第4章

現代会計の枠組み

本章のズバッ！と

☐現代会計は概念フレームワークを基本的な枠組みとしている。

☐概念フレームワークは財務報告に関する重要な諸概念を示している。

☐概念フレームワークは現行の会計基準を説明する概念的基盤としての役割と会計基準や会計方針を決定する際の指針としての役割を果たしている。

☐概念フレームワークは階層構造で理解する。

キーワード

概念フレームワーク，財務報告の目的，財務情報の質的特性，財務諸表の構成要素，認識，測定，資産負債観

1 現代会計の枠組みとしての概念フレームワーク

　前章では伝統的会計の枠組みについて学んだ。そこで登場した会計概念や諸原則の多くは20世紀前半に形成されたものであった。21世紀となった現在，企業活動や企業を取り巻く経済環境は当時と比べて大きく変化している。そのような変化に対応すべく，伝統を重視しながらも，新たな会計の枠組みが構築されている。本章では，現代会計の枠組みとして重要な役割を果たす概念フレームワークについて学んでいこう。

　会計基準は，商品売買，金融商品取引，企業結合など多様な企業活動を貨幣的に記録し，報告するための会計手続きや財務諸表の作成にかかわるルールを定めている。このような会計基準は，各基準が相互に無関係で，独立的に整備されるのではなく，財務報告の目的と合致した財務諸表の作成が可能

となるよう，体系的で，首尾一貫したルールの集合であることがのぞまれる。

　そこで，会計基準が体系的で，首尾一貫したルールの集合となるよう，会計基準づくりを支援するための基本的な考え方を整理した，財務報告あるいは財務諸表に関する概念的な枠組みが，**概念フレームワーク**である。概念フレームワークは，**会計基準設定主体**による会計基準づくりの指針として，財務報告制度を一定の方向へ導く役割を担っている。その意味で，会計における憲法ともいわれ，現代会計の枠組みを示すものである。

　多くの場合，概念フレームワークは，会計基準設定主体によって開発される。しかし，開発に際しては，会計基準設定主体の見解だけでなく，監督官庁，監査法人（公認会計士），学識者，投資者，貸付者，経営者などといった関係者の意見も参照しつつ，開発される。

　このように，概念フレームワークは，特定の会計思考に純粋に立脚するのではなく，関係者の有する利害，価値観およびポリシー，会計実務，商慣行などの影響を受ける。また，金融商品取引法などの関連法制や証券市場といった経済インフラ，企業の経営環境や経営活動の変化と発展，あるいは企業規模などと密接な関係にある。したがって，前提となる諸環境が変化した場合，理念的には，変化にあわせて概念フレームワークを改定する必要がある。

2　概念フレームワークの役割

〈エピソード08〉概念フレームワークが資産を定義する

　イチロー君は代々続く家業の老舗和食店を引き継ぐことになった。その際にお店の経営に大切なもののリストを作成してみた。その一部をみてみよう。

| …… 店のある土地と建物　　銀行預金　　店の看板料理人 |
| 店の味と評判　　馴染みの顧客情報　　代々続く家訓　　…… |

　上記項目のいずれも和食店の経営には大切なものといえよう。しかし，企業の財務報告においては，その一部のみが資産とみなされる。それでは一体，財務報告ではどのようなものを資産とみなすのであろうか。

　資産とは何か，負債とは何か，そもそも財務報告は何のために行われるのかといった，財務報告における主要な考え方を示しているのが概念フレームワークである。たとえば，日本の概念フレームワークでは，資産は「過去の取引または事象の結果として，報告主体が支配している経済的資源」と定義されている。資産として記録されるためには，この定義に合致した上で，さらに認識と測定のプロセスにおいて一定の条件を満たすことが求められる。これらに基づくと上記項目のうち，預金，土地，建物は資産とされるが，料理人，味，評判，家訓などは原則として資産には該当しない。

　国際的な会計基準設定主体である**国際会計基準審議会（IASB）**の概念フレームワークでは，その具体的な目的は，IASBが首尾一貫した概念に基づき**国際財務報告基準（IFRS）**を開発することの支援，特定の取引または他の事象に当てはまる基準書がない場合，あるいは基準書が会計方針の選択を認めている場合に，作成者が首尾一貫した会計方針を策定することの支援，すべての関係者が基準を理解し，解釈することの支援であると記述されている（IASB［2023］「概念フレームワーク」の地位及び目的）。

　このような概念フレームワークの役割は大きく二分できる（図表4-1参照）。

①現行の会計基準を理解，説明するための概念的基盤
②新たな会計基準の設定もしくは会計方針を決定する際の指針

図表4-1　概念フレームワークの役割

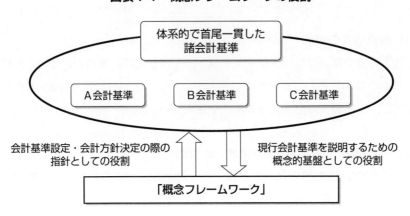

　1つ目の役割は，会計基準を理解し，いかなる原理のもとに会計基準が作成されたのかを理解，説明するための，さらには会計基準を正しく適用するための概念的基盤となることである。主に財務報告の作成者，利用者および監査人への役立ちといえる。たとえば，リース会社から賃借した，特定のリース物件を資産計上しうる理論的根拠を概念フレームワークは提供する。

　2つ目の役割は，新たな会計基準を設定する場合ないしは会計方針を決定する場合に，指針となる概念的基盤を提供することである。主に会計基準設定主体や財務報告の作成者に対する役立ちといえる。たとえば，どのような項目を認識するのか，あるいは認識した項目をどのように測定するのか，といった規準を概念フレームワークは提供する。

3　概念フレームワークの体系

　一般に，概念フレームワークの設定にあたっては，まず，上位概念から定め，その後，演繹的に下位概念を導出するという方法が利用される。概念フレームワークは，必ずしも特定の体系をもつものではないが，多くの概念フ

レームワークに共通する項目として以下のようなものがある。

(1) 財務報告の目的

ほとんどの概念フレームワークでは，まずはじめに，誰のためなのか，何のためなのか，そしてそのために何を行うのか，といった**財務報告の目的**を設定し，財務報告の基本的な方向性を定めている。

(2) 財務情報（ないしは会計情報）の質的特性

財務情報の質的特性とは，財務報告の目的を達成するために財務情報が有すべき性質である。通常，複数の質的特性が提示される。

(3) 財務諸表の構成要素

財務諸表の構成要素とは，文字通り，資産，負債，収益，費用といった財務諸表を構成する主要な要素のことである。概念フレームワークでは，それら構成要素と各構成要素の定義が示される。ある構成要素の定義が，他の構成要素の定義によって従属的に規定される場合もある。どの構成要素を財務諸表の中心的構成要素とみなし，最初に定義するのか，という問題は，認識や測定の領域とも密接に関連しており，財務報告制度の方向性を左右する重要な枠組みを示すことになる。

(4) 財務諸表の構成要素の認識および測定

財務諸表の構成要素の定義を充足した項目を財務諸表に記載することを**認識**という。また，認識された構成要素に貨幣額を割り当てることを**測定**という。採用する認識あるいは測定のルールによって財務諸表の数値が変わるため，財務諸表の作成における重要な領域の１つである。

このほかにも，**報告企業**，**資本および資本維持の概念**，**表示および開示**などが，概念フレームワークに採用される場合もある。仮に上記(1)から(4)の項目によ

って概念フレームワークが構成される場合，図表4-2のような**階層関係**が構築される。上方にある項目がより上位の概念となる。

図表4-2　概念フレームワークの階層関係

4　資産負債観

　次節において登場する3種類（アメリカ，日本，IASB）の概念フレームワークでは，財務諸表の構成要素のうち，まず，資産と負債が定義され，次に資産と負債の差額として純資産（持分）が定義される。そして資本取引による変動を除いた，1会計期間における純資産の増減をもって損益が把握される。また，収益と費用は，資産と負債の増減との関連で定義される。

　資産および負債を会計の中心的概念とし，利益を1会計期間における純資産の増分とみなす会計観を**資産負債観**という。資産負債観では，財務諸表の構成要素のうち，まず，将来のキャッシュフローを生み出す能力をもつストックとしての資産と負債の定義づけを最重要課題とし，資産と負債を計上する貸借対照表が重視される。そして，定義に次いで，両項目の認識および測定が重要となる。

　資産負債観の採用に伴って生じる問題として，たとえば，資産と負債の測

定があげられる。各概念フレームワークでは，測定方法として，単一の測定方法の適用ではなく，取得原価や現在原価などといった複数の測定方法からの選択適用が可能となっている。たとえば，ある資産を過去の実際の取引に基づく取得原価によって測定するのと，現在，同じ資産を入手するために必要と考えられる金額である現在原価で測定するのとでは，測定額やその客観性などが相違し，その相違は，純資産の変動額として把握される当期損益の性格にも影響を及ぼす。また，市場価格のない資産などの測定に際して，経営者が自らに都合のよい会計方法を採用する余地も残される。

　資産負債観のもとで把握された当期損益は，仕入，製造，販売，サービスの授受などといった事業活動による純資産の変動部分と，市場価格，金利，あるいは為替の変動を反映させたストックの評価による純資産の変動部分とに分けられる。このうち，後者は，経済環境の変化や市場動向の影響を受けやすく，変動性（ボラティリティ）が高い。過去における世界金融危機の際，企業の当期損益への影響の緩和のために，時価評価の対象となる有価証券の範囲を縮小するといった会計手続きの政策的な変更が検討されたこともある。

　資産や負債をどのような方法で測定するべきか，あるいは，その結果生じた純資産の変動額を当期損益に算入するべきか，といった問題は，財務報告の目的や財務情報の質的特性などと照らし合わせ，検討されることとなる。

5 さまざまな概念フレームワーク

(1) アメリカにおける概念フレームワーク

　概念フレームワークはアメリカにおいて先駆的に開発，公表される。組織的な開発に限定すると，1936年にアメリカ会計学会が公表した『会社報告諸表会計原則試案』が先駆けとされている。その後，概念フレームワークに相当する複数の文書が公表される。そして，それらの集大成として，**アメリカ**

財務会計基準審議会（**FASB**）が，1978年を皮切りに一連の『**財務会計概念書**
(SFAC)』を公表している。FASBが公表した概念書は，その改廃を経て，
図表4-3のような構成となっている。

図表4-3　『財務会計概念書』の構成（2023年現在）

No.	公表ないし改訂年	タ イ ト ル
第8号	2021年	財務報告に関する概念フレームワーク 第1章 一般目的財務報告の目的
第8号	2023年	財務報告に関する概念フレームワーク 第2章 報告主体
第8号	2018年	財務報告に関する概念フレームワーク 第3章 有用な財務情報の質的特性
第8号	2021年	財務報告に関する概念フレームワーク 第4章 財務諸表の構成要素
第8号	2023年	財務報告に関する概念フレームワーク 第5章 認識及び認識中止
第5号	2021年	営利企業の財務諸表における認識と測定
第7号	2021年	会計測定におけるキャッシュ・フロー情報及び現在価値の使用
第8号	2021年	財務報告に関する概念フレームワーク 第7章 表示
第8号	2021年	財務報告に関する概念フレームワーク 第8章 財務諸表への注記

(2) 日本における概念フレームワーク

　日本においても概念フレームワークの設定活動がなされている。2003年，
基本概念ワーキング・グループが組織され，概念フレームワーク公表に向け
た活動が開始される。2004年，**企業会計基準委員会（ASBJ）**は，基本概念ワ
ーキング・グループから検討内容の報告を受け，ASBJの公式な見解ではな
いとの限定をつけ，基本概念ワーキング・グループの名義で『**討議資料「財
務会計の概念フレームワーク」**』を公表する。

　その後，ASBJは，この討議資料をさらに整理し，公開草案として公表す
る予定であった。しかし，ASBJは，討議資料という位置づけのまま，2006
年，ASBJの名義で，2004年の討議資料を改訂した『**討議資料「財務会計の概**

念フレームワーク』』を公表する。その後，概念フレームワークの設定プロジェクトは中止され，完成版としての概念フレームワークは公表されていない。

　このように，日本での概念フレームワーク開発は討議資料の段階にとどまっている。これは，会計基準の国際的統一化やIASBとFASBの共同プロジェクトとして国際的な概念フレームワークが開発されているという当時の状況を背景として，日本が国際的な動向に反した，独自の路線を進んでいるとの印象を与えないようにする，という政策的配慮によるところが大きい。

(3) 国際的な概念フレームワーク
　FASBによる『財務会計概念書』の公表後，各国において独自の概念フレームワークが公表されている。さらに，1989年，当時の国際的な会計基準設定主体である**国際会計基準委員会（IASC）**が『**財務諸表の作成及び表示に関するフレームワーク**』を公表する。そして，2001年，現在の国際的な会計基準設定主体であるIASBは，この概念フレームワークを継承する。

　その後，IASBとFASBは，共同で新たな概念フレームワークの開発に取り組む。この取り組みが開始された背景として以下の3点が指摘できる。

① 　両審議会が相互に**会計基準の収斂**に取り組んでおり，会計基準設定の指針となる概念フレームワークも共通化させた方が効率的であること。
② 　両審議会による各概念フレームワークの公表から相当の期間が経過しており，現在の経済環境や企業取引と対応していない領域があるため，概念フレームワークを現状に即した内容に改訂する必要があること。
③ 　**原則主義**による**会計基準設定**に対応するために，最新かつ内的整合性を有する包括的な概念によって構成される，首尾一貫した概念フレームワークの整備が必要であること。

　原則主義とは，細かなルールや例外規定を多用せず，会計手続きの基本ルールである原則を中心とした簡潔明瞭な会計基準を整備しようとする思考をいう。原則主義では，財務報告の作成指針としての概念フレームワークが重要となる。

　両審議会による共同作業の結果，2010年，『**財務報告に関する概念フレームワーク「第1章：一般目的財務報告の目的」および「第3章：有用な財務情報の質的特性」**』が公表される（FASBは『**財務会計概念書第8号**』として公表）。これは，両審議会が計画した概念フレームワークの一部であり，以降，他の章も設定，公表される予定であった。しかし，その後，共同作業は中止され，2012年からIASBが，2014年からFASBが，それぞれ独自に整備を続けている。

　そして，IASBは，冒頭のエピソードにもあるように2018年に『**財務報告に関する概念フレームワーク**』の改訂版を公表し，FASBは，2023年現在において図表4-3のように『財務会計概念書』を整備している。

6 3種類の概念フレームワークの対照表

	日本『討議資料「財務会計の概念フレームワーク」』	IASB『財務報告に関する概念フレームワーク』	アメリカ『財務会計概念書』
財務報告の目的（一般目的財務報告の目的）	投資家の意思決定に資するディスクロージャー制度の一環として，投資のポジションとその成果を測定して開示すること（第1章第2項）	現在の及び潜在的な投資者，融資者及び他の債権者が企業への資源の提供に関する意思決定を行う際に有用な，報告企業についての財務情報を提供すること（par.1.2）	現在の及び潜在的な投資者，融資者及び他の債権者が報告主体への資源の提供についての意思決定を行う際に有用な，報告主体についての財務情報を提供すること（No.8 Ch.1 OB2）

	日本『討議資料「財務会計の概念フレームワーク」』	IASB『財務報告に関する概念フレームワーク』	アメリカ『財務会計概念書』
会計情報の質的特性（有用な財務情報の質的特性）	意思決定有用性，意思決定との関連性，信頼性，内的整合性，比較可能性（第2章第1項-第2項）	基本的な質的特性：目的適合性，忠実な表現（par.2.5）補強的な質的特性：比較可能性，検証可能性，適時性，理解可能性（par.2.23）一般的な制約：コスト（par.2.39）	基本的な質的特性：目的適合性，忠実な表現（No.8 Ch.3 QC5）補強的な質的特性：比較可能性，検証可能性，適時性，理解可能性（No.8 Ch.3 QC19）一般的な制約：コスト（No.8 Ch.3 QC35）
財務諸表と報告企業（報告主体）	財務諸表：企業の所有者が提供した資金をもとに，企業が実行した投資の特定時点のポジションと，その投資から得られた特定期間の成果を反映（第3章第1項）	財務諸表：報告企業の経済的資源，企業に対する請求権，並びにそれらの資源及び請求権の変動のうち，財務諸表の構成要素の定義を満たすものに関する情報を提供（par.3.1）	財務諸表：財務諸表の構成要素及びそれら構成要素に関して認識し，測定した事項を表示（No.8 Ch.7 PR20）
		報告企業：財務諸表の作成を要求されるか又は選択する企業。必ずしも法的な企業ではない（par.3.10）	報告主体：現在の及び潜在的な投資者，融資者及び他の債権者が報告主体への資源の提供についての意思決定を行う際に有用な一般目的財務報告によって表現可能な，経済活動の限定された領域（No.8 Ch.2 RE4）
財務諸表の構成要素	定義が示されている構成要素：資産，負債，純資産，株主資本，包括利益，純利益，収益，費用	定義が示されている構成要素：資産，負債，持分，収益，費用	定義が示されている構成要素：資産，負債，持分または純資産，出資者による投資，出資者への分配，包括利益，収益，費用，利得，損失
	資産：過去の取引または事象の結果として，報告主体が支配している経済的資源（第3章第4項）	資産：過去の事象の結果として企業が支配している現在の経済的資源（par.4.3）	資産：経済的便益に対する報告主体の現在の権利（No.8 Ch.4 E16）
	負債：過去の取引または事象の結果として，報告主体が支配している経済的資源を放棄もしくは引き渡す義務，またはその同等物（第3章第5項）	負債：過去の事象の結果として経済的資源を移転するという企業の現在の義務（par.4.26）	負債：経済的便益を移転するという報告主体の現在の義務（No.8 Ch.4 E37）

	日本『討議資料「財務会計の概念フレームワーク」』	IASB『財務報告に関する概念フレームワーク』	アメリカ『財務会計概念書』
財務諸表の構成要素	純資産：資産と負債の差額（第3章第6項）	持分：企業のすべての負債を控除した後の資産に対しての残余持分（par.4.63）	持分または純資産：報告主体の負債を控除した後に残る報告主体の資産に対しての残余持分（No.8 Ch.4 E61）
	株主資本：純資産のうち報告主体の所有者である株主（連結財務諸表の場合には親会社株主）に帰属する部分（第3章第7項）		
	包括利益：特定期間における純資産の変動額のうち，報告主体の所有者である株主，子会社の少数株主，及び将来それらになり得るオプションの所有者との直接的な取引によらない部分（第3章第8項）		包括利益：出資者以外を源泉とする取引及びその他の事象と環境要因より生じる一期間における営利企業の持分の変動（No.8 Ch.4 E75）
	純利益：特定期間の期末までに生じた純資産の変動額（報告主体の所有者である株主などとの直接的な取引による部分を除く。）のうち，その期間中にリスクから解放された投資の成果であって，報告主体の所有者に帰属する部分（第3章第9項）		
	収益：純利益または少数株主損益を増加させる項目であり，特定期間の期末までに生じた資産の増加や負債の減少に見合う額のうち，投資のリスクから解放された部分（第3章第13項）	収益：持分の増加を生じる資産の増加又は負債の減少のうち，持分請求権の保有者からの拠出に係るものを除いたもの（par.4.68）	収益：財貨の引渡しもしくは生産，用役の提供，またはその他の活動の遂行による，報告主体の資産の流入その他の増加もしくは負債の弁済（または両者の組み合わせ）（No.8 Ch.4 E80）
	費用：純利益または少数株主損益を減少させる項目であり，特定期間の期末までに生じた資産の減少や負債の増加に見合う額のうち，投資のリスクから解放された部分（第3章第15項）	費用：持分の減少を生じる資産の減少又は負債の増加のうち，持分請求権の保有者への分配に係るものを除いたもの（par.4.69）	費用：財貨の引渡しもしくは生産，用役の提供，またはその他の活動の遂行による，報告主体の資産の流出その他の費消もしくは負債の発生（または両者の組み合わせ）（No.8 Ch.4 E81）

	日本『討議資料「財務会計の概念フレームワーク」』	IASB『財務報告に関する概念フレームワーク』	アメリカ『財務会計概念書』
認識（認識及び認識の中止）	認識：構成要素を財務諸表の本体に計上すること（第4章第1項） 構成要素が認識されるためには原則として以下の条件を満たす必要がある。 認識の契機：「財務諸表の構成要素」の定義を充足した各種項目の認識は，基礎となる契約の原則として少なくとも一方の履行が契機となる。さらに，いったん認識した資産・負債に生じた価値の変動も，新たな構成要素を認識する契機となる。（第4章第3項） 認識に求められる蓋然性：「財務諸表の構成要素」の定義を充足した各種項目が，財務諸表上での認識対象となるためには，第4章第3項に記した事象が生じることに加え，一定程度の発生の可能性が求められる。一定程度の発生の可能性（蓋然性）とは，財務諸表の構成要素に関わる将来事象が，一定水準以上の確からしさで生じると見積られることをいう。（第4章第6項）	認識：財務諸表の構成要素のうち1つの定義を満たす項目を捕捉するプロセス（par.5.1） 資産又は負債が認識されるのは，当該資産又は負債及びそれにより生じる収益，費用又は持分変動の認識が，財務諸表利用者に有用な情報（すなわち以下のもの）を提供する場合のみ（par.5.7） （a）当該資産又は負債及びそれにより生じる収益，費用又は持分変動に関する目的適合性のある情報（par.5.7） （b）当該資産又は負債及びそれにより生じる収益，費用又は持分変動の忠実な表現（par.5.7） コストは，他の財務報告の決定を制約するのと同様に，認識の決定も制約（par.5.8）	認識：ある項目を資産，負債，持分，収益，利得，費用，損失もしくは所有者による投資または所有者への分配として，報告主体の財務諸表に記載するプロセス（No.8 Ch.5 RD3） ある項目及びその財務情報は，財務諸表において認識されるために，一般的なコストの制約及び重要性の斟酌の条件下において，3つの認識規準を充足する必要がある。（No.8 Ch.5 RD5） 定義：当該項目が財務諸表の構成要素の定義を充足する。（No.8 Ch.5 RD5.a） 測定可能性：当該項目が測定可能であり，かつ目的適合的な測定属性を有する。（No.8 Ch.5 RD5.b） 忠実な表現：当該項目が忠実な表現をもって描写され，測定されるうる。（No.8 Ch.5 RD5.c）
		認識の中止：認識した資産又は負債の全部又は一部を企業の財政状態計算書から除外すること。通常，当該項目が資産又は負債の定義をもはや満たさなくなった場合に生じる。（par.5.26）	認識の中止：ある項目を資産，負債または持分として，報告主体の財務諸表から除外するプロセス。当該項目が認識規準のいずれかを充足しなくなった場合に，認識の中止が生じる。（No.8 Ch.5 RD13）

	日本『討議資料「財務会計の概念フレームワーク」』	IASB『財務報告に関する概念フレームワーク』	アメリカ『財務会計概念書』
測定	測定：財務諸表に計上される諸項目に貨幣額を割り当てること（第4章第2項） 資産の測定：⑴取得原価，⑵市場価格，⑶割引価値，⑷入金予定額，⑸被投資企業の純資産額に基づく額（第4章第8項-第29項） 負債の測定：⑴支払予定額，⑵現金受入額，⑶割引価値，⑷市場価格（第4章第30項-第43項） 収益の測定：⑴交換に着目した測定，⑵市場価格の変動に着目した測定，⑶契約の部分的な履行に着目した測定，⑷被投資企業の活動成果に着目した測定（第4第44項-第47項） 費用の測定：⑴交換に着目した測定，⑵市場価格の変動に着目した測定，⑶契約の部分的な履行に着目した測定，⑷利用の事実に着目した測定（第4第48項-第52項）	財務諸表に認識される構成要素は貨幣によって定量化される。これには測定基礎の選択が必要となる。測定基礎とは，測定の対象とする項目の識別された特徴である。（par.6.1） 有用な財務情報の質的特性及びコストの制約を考慮すると，異なる資産，負債，収益及び費用について異なる測定基礎が選択される結果となる可能性が高い。（par.6.2） 測定基礎のよって提供される情報は，財務諸表利用者に有用でなければならない。これを達成するためには，情報は目的適合性がなければならず，かつ，表現しようとしている内容を忠実に表現しなければならない。（par.6.45） 測定基礎：歴史的原価，現在の価値（公正価値，資産の使用価値及び負債の履行価値，現在原価）（pars.6.4-6.22）	現在，財務諸表において報告される項目は，異なる属性によって測定されており，それはその項目の性質ならびに測定される属性の目的適合性及び信頼性に左右される。（No.5 par.66） 資産（及び負債）について，5つの異なる属性が現行の会計実務において用いられる。（No.5 par.67） a.歴史的原価（実際現金受領額），b.現在原価，c.現在市場価値，d.正味実現可能（決済）価額，e.将来のキャッシュ・フローの現在（または割引）価値（No.5 par.67）
表示及び開示（表示）		報告企業は，資産，負債，持分，収益及び費用に関する情報を，財務諸表に表示及び開示することによって伝達する。（par.7.1）	表示とは，財務諸表への各項目の金額，合計及び小計の記載をいう。財務諸表に記載された各項目の金額は，当該報告主体のキャッシュ・フローに加え，資産，負債，持分，利得，費用，利益，損失及び所有者による投資と所有者への分配といった財務諸表の構成要素の語句と数値による描写である。（No.8 Ch.7 PR1）

	日本『討議資料「財務会計の概念フレームワーク」』	IASB『財務報告に関する概念フレームワーク』	アメリカ『財務会計概念書』
資本及び資本維持の概念		企業による適切な資本概念の選択は，財務諸表の利用者のニーズに基づかなければならない。したがって，財務諸表の利用者が主に名目投下資本の維持又は投下資本の購買力に関心を有する場合には，貨幣資本概念を採用しなければならない。しかし，利用者の主要な関心が企業の操業能力にある場合には，実体資本概念を用いなければならない。(par.8.2)	資本維持または原価回収の概念は，資本からの利益と資本の回収とを区分するための必要条件である。というのは，資本を維持するのに必要な額を超過する流入のみが持分からの利益であるからである。(No.8 Ch.4 E77) 貨幣資本維持が伝統的な見解であり，一般的には，財務報告における資本維持概念である。(No.8 Ch.4 E77)

参考文献 ◇◇

企業会計基準委員会［2006］「討議資料『財務会計の概念フレームワーク』」。

斎藤静樹［2007］「概念フレームワーク」『会計学大事典（第五版)』中央経済社，pp.147-148。

斎藤静樹編著［2007］『詳解「討議資料・財務会計の概念フレームワーク」(第2版)』中央経済社。

中山重穂［2013］『財務報告に関する概念フレームワークの設定―財務情報の質的特性を中心として―』成文堂。

FASB［1976a］FASB Discussion Memorandum, *An Analysis of Issues Related to Conceptual Framework for Financial Accounting and Reporting: Elements of Financial Statements and Their Measurement,* FASB.（津守常弘監訳［1997］『FASB財務会計の概念フレームワーク』中央経済社。）

FASB［1976b］*Scope and Implications of the Conceptual Framework Project,* FASB.（森川八洲男監訳，小栗崇資・佐藤信彦・原陽一共訳［1988］『現代アメリカ会計の基礎概念』白桃書房。）

FASB［1984］SFAC No.5, *Recognition and Measurement in Financial Statements of Business Enterprises,* FASB.（平松一夫・広瀬義州訳［2002］『FASB財務会計の諸概念（増補版)』中央経済社。）

FASB［1985］SFAC No.6, *Elements of Financial Statements,* FASB.（平松一夫・広瀬義州訳［2002］『FASB財務会計の諸概念（増補版)』中央経済社。）

FASB［2018］SFAC No.8, *Conceptual Framework for Financial Reporting-Chapter 3, Qualitative Characteristics of Useful Financial Information*, FASB.

FASB［2021a］SFAC No.8, *Conceptual Framework for Financial Reporting-Chapter 1, The Objective of General Purpose Financial Reporting*, FASB.

FASB［2021b］SFAC No.8, *Conceptual Framework for Financial Reporting-Chapter 4, Elements of Financial Statements*, FASB.

FASB［2021c］SFAC No.5, *Recognition and Measurement in Financial Statements of Business Enterprises*, FASB.

FASB［2021d］SFAC No.8, *Conceptual Framework for Financial Reporting-Chapter 7, Presentation*, FASB.

FASB［2023a］SFAC No.8, *Conceptual Framework for Financial Reporting-Chapter 2, The Reporting Entity*, FASB.

FASB［2023b］SFAC No.8, *Conceptual Framework for Financial Reporting-Chapter 5, Recognition and Derecognition*, FASB.

IASB［2018］IASB completes revisions to its Conceptual Framework, News and events, 29 March 2018.（https://www.ifrs.org/news-and-events/2018/03/iasb-completes-revisions-to-its-conceptual-framework/［最終アクセス2024年1月6日］）

IASB［2023］*IFRS Standards: issued at 1 January 2023*, IFRS Foundation.（IFRS財団編，ASBJ・FASF監訳［2023］『IFRS基準〈注釈付き〉2023』中央経済社。）

IASC［1989］*Framework for the Preparation and Presentation of Financial Statements*, IASC Foundation.（IASC財団編，ASBJ・FASF監訳［2009］『国際財務報告基準（IFRS）2009』中央経済社。）

Zeff, S.A.［1999］The Evolution of the Conceptual Framework for Business Enterprises in the United States, *The Accounting Historians Journal*, Vol.26 No.2, pp.89-131.

確認テスト

① 概念フレームワークの意義と役割を説明しなさい。

② 概念フレームワークの階層関係を具体的に説明しなさい。

③ 財務報告の目的を説明しなさい。

① 本章で取り上げた3種類の概念フレームワークを比較し，財務報告の目的，質的特性，構成要素の定義，認識および測定のそれぞれにおける共通点と相違点を説明しなさい。

本章のもうチョッと‼

安藤英義編著［1996］『会計フレームワークと会計基準』中央経済社。

岩崎勇［2019］『IFRSの概念フレームワーク』税務経理協会。

斎藤静樹編著［2007］『詳解「討議資料・財務会計の概念フレームワーク」（第2版）』中央経済社。

津守常弘監訳［1997］『FASB財務会計の概念フレームワーク』中央経済社。

FASB［2018］SFAC No.8, *Conceptual Framework for Financial Reporting －Chapter 3, Qualitative Characteristics of Useful Financial Information*, FASB.

FASB［2021a］SFAC No.8, *Conceptual Framework for Financial Reporting －Chapter 1, The Objective of General Purpose Financial Reporting*, FASB.

FASB［2021b］SFAC No.8, *Conceptual Framework for Financial Reporting －Chapter 4, Elements of Financial Statements*, FASB.

FASB［2021c］SFAC No.5, *Recognition and Measurement in Financial Statements of Business Enterprises*, FASB.

FASB［2021d］SFAC No.8, *Conceptual Framework for Financial Reporting －Chapter 7, Presentation*, FASB.

FASB［2023a］SFAC No.8, *Conceptual Framework for Financial Reporting －Chapter 2, The Reporting Entity*, FASB.

FASB［2023b］SFAC No.8, *Conceptual Framework for Financial Reporting －Chapter 5, Recognition and Derecognition*, FASB.

IASB［2023］*IFRS Standards: issued at 1 January 2023*, IFRS Foundation.（IFRS財団編，ASBJ・FASF監訳［2023］『IFRS基準〈注釈付き〉2023』中央経済社。）

第 5 章

財政状態計算書・貸借対照表

本章のズバッ！と

☐ 貸借対照表は，企業が所有するすべての資産，負債，および純資産を表示した一覧表である。

☐ 財政状態計算書は，国際財務報告基準（IFRS）の下での名称であり，実質的には貸借対照表と同じである。

☐ 貸借対照表は，「資金の調達源泉」と「調達された資金の運用形態」との2つの側面から財政状態を表す。

☐ 貸借対照表から債務返済能力を分析すれば，企業の財務安全性を明らかにすることができる。

☐ 貸借対照表の数値を用いた企業価値の分析指標として株価純資産倍率（PBR）がある。

☐ PBRの変動および企業間の相違の原因として，貸借対照表には表れない知的資本などの存在がある。

キーワード

貸借対照表（財政状態計算書），資産，負債，純資産，流動性配列法，株主資本，安全性分析，流動比率，負債比率

1 貸借対照表，財政状態計算書とは何か

(1) 貸借対照表，財政状態計算書の概要

　貸借対照表は企業が一定時点において所有するすべての**資産**，**負債**，および**純資産**を表示した一覧表である。図表5-1のように，貸借対照表の左側（借方）に「資産の部」が記載され，その右側（貸方）に「負債の部」および「純資産の部」が記載される。

　国際財務報告基準（IFRS）では，2007年に公表された国際会計基準（IAS）第1号により，従来の貸借対照表（Balance Sheet）と呼ばれてきた一覧表が**財政状態計算書**（Statement of Financial Position）と名称変更されている。

　貸借対照表の表示様式には，資産と負債および純資産を左右対称に表示する**勘定式**と，資産・負債および純資産のそれぞれの項目を上から下に順次表示する**報告式**の2つがある。すでに示した図表5-1は**勘定式**であり，以下でも初学者にとって理解しやすい勘定式を用いて貸借対照表を説明する。

図表5-1　貸借対照表

資産の部	負債の部
	純資産の部

　貸借対照表は，「**資金の調達源泉**」と「調達された**資金の運用形態**」という2つの側面から財政状態を表す。具体的には，貸借対照表の「資産の部」は資金の運用形態を，また「負債の部」と「純資産の部」は資金の調達源泉を表す。そのため，資産の金額と負債および純資産の合計金額との間には，次

のような関係が成立する。

$$資産＝負債＋純資産$$

　この等式は左辺と右辺がそれぞれ貸借対照表の借方と貸方を表していることから，**貸借対照表等式**と呼ばれる。さらに負債を左辺に移動すると，次のような等式が成り立つ。

$$資産－負債＝純資産$$

(2) 貸借対照表における分類

　資産および**負債**の項目は，一般に「**流動性配列法**」あるいは「**固定性配列法**」に従って配列される。**流動性配列法**に従えば，資産の部は流動性が高い，すなわち現金ならびに現金化が容易な順番に上から下へと並べられ，負債の部はその返済期間が短いものから順番に並べられる。一方，**固定性配列法**に従えば，資産の部は長期に利用するものから順番に上から下へと並べられ，負債の部はその返済期間が長いものから順番に並べられる。

　このように配列された資産の部および負債の部は，さらに流動性を基準に**流動資産**および**固定資産**と**流動負債**および**固定負債**とに分けて表示される。流動・固定を区別するための基準として，「**正常営業循環基準**」と「**1年基準**」がある。

　正常営業循環基準とは，企業の本来の営業プロセスである「現金→棚卸資産→売上債権→現金」というサイクルにおける資産や負債を，それぞれ流動資産と流動負債とする基準である。

　一方で，**1年基準**は貸借対照表の作成日の翌日から起算して1年以内に回

収される資産を流動資産とし，１年以内に支払期限が到来する負債を流動負債とする基準である。会計実務では正常営業循環基準が主に用いられ，それを補足するために１年基準が採用される。

　また**純資産**の部は「**株主資本**」，「その他の包括利益累計額」，「新株予約権」，「非支配株主持分（少数株主持分）」から構成される。以上の区分基準に従えば，貸借対照表の表示は図表5-2のようになる。

図表5-2　貸借対照表

資産の部	流動資産	負債の部	流動負債
			固定負債
	固定資産	純資産の部	株主資本
			その他の包括利益累計額
			新株予約権
	繰延資産		非支配株主持分

　図表5-3はカゴメ株式会社の第75期（2018年１月１日から2018年12月31日）の有価証券報告書に含まれる連結貸借対照表を加筆修正したものである。

　連結貸借対照表データから資産の部，負債の部，および純資産の部の構成を確認できる。また，２期分（2017年12月期と2018年12月期）のデータから各項目の趨勢を確認することも可能である。

図表5-3　連結貸借対照表（カゴメ株式会社の場合）　　　　（百万円）

	2017/12/31 現在	2018/12/31 現在		2017/12/31 現在	2018/12/31 現在
資産の部			負債の部		
流動資産			流動負債		
現金及び預金	22,150	30,591	支払手形及び買掛金	16,554	16,472
受取手形及び売掛金	36,042	35,893	短期借入金	21,218	22,306
商品及び製品	21,143	19,705	1年内返済予定の長期借入金	1,447	1,719
仕掛品	919	896	未払金	12,039	13,166
原材料及び貯蔵品	19,636	20,674	未払法人税等	3,918	3,620
繰延税金資産	506	1,014	繰延税金負債	14	13
デリバティブ債権	2,568	195	賞与引当金	1,251	1,316
その他	7,051	8,631	役員賞与引当金	105	79
貸倒引当金	△351	△281	デリバティブ債務	2	4
流動資産合計	109,667	117,321	その他	3,158	3,862
固定資産			流動負債合計	59,710	62,563
有形固定資産			固定負債		
建物及び構築物（純額）	18,824	19,497	長期借入金	14,154	12,910
機械装置及び運搬具（純額）	17,821	19,736	繰延税金負債	3,882	1,079
工具, 器具及び備品（純額）	942	1,081	退職給付に係る負債	5,045	5,454
土地	12,874	11,532	債務保証損失引当金	190	185
リース資産（純額）	851	817	その他	6,900	6,576
建設仮勘定	1,935	3,937	固定負債合計	30,173	26,206
有形固定資産合計	53,250	56,602	負債合計	89,883	88,769
無形固定資産			純資産の部		
のれん	503	55	株主資本		
ソフトウエア	1,426	1,872	資本金	19,985	19,985
その他	266	264	資本剰余金	22,362	22,362
無形固定資産合計	2,196	2,192	利益剰余金	74,303	83,162
投資その他の資産			自己株式	△26,985	△26,739
投資有価証券	22,364	10,413	株主資本合計	89,665	98,771
長期貸付金	1,581	1,238	その他の包括利益累計額		
繰延税金資産	95	132	その他有価証券評価差額金	8,971	2,892
その他	6,663	5,783	繰延ヘッジ損益	2,420	457
貸倒引当金	△82	△71	為替換算調整勘定	1,754	606
投資その他の資産合計	30,621	17,496	退職給付に係る調整累計額	△864	△995
固定資産合計	86,069	76,291	その他の包括利益累計額合計	12,283	2,961
			新株予約権	106	202
			非支配株主持分	3,798	2,908
			純資産合計	105,853	104,843
資産合計	195,737	193,612	負債純資産合計	195,737	193,612

2 貸借対照表, 財政状態計算書の区分と様式

(1) 資産の部

①流動資産

　流動資産は, 大きく**当座資産**, **棚卸資産**, およびその他の流動資産に分類できる。**当座資産**とは, 現金および短期間に現金化できる流動性の高い資産であり, 現金, 預金, 売掛金, 売買目的有価証券などが該当する。**棚卸資産**とは, 直接的または間接的に販売を目的として保有される資産であり, 商品, 製品, 仕掛品, および原材料などが該当する。その他の流動資産には, 販売代金以外の債権である貸付金や未収収益などが該当する。

②固定資産

　固定資産は**有形固定資産**, **無形固定資産**, および**投資その他の資産**に分類される。**有形固定資産**とは固定資産の中でも具体的な形態をもつものであり, 建物, 機械・装置, 車両運搬具, 土地などが該当する。**無形固定資産**とは固定資産の中でも具体的な形態をもたないものであり, 特許権, 実用新案権, およびのれんなどが該当する。**投資その他の資産**とは他企業との関係を結ぶために長期間にわたって所有する資産などを含み, 投資有価証券, 関係会社株式, 長期貸付金などがある。

③繰延資産

　繰延資産は, すでに代価の支払が完了し, または支払義務が確定し, これに対応する役務の提供を受けたにもかかわらず, その効果が将来にわたって発現するものと期待される費用であり, 創立費, 開業費, 社債発行費などが該当する。

（2）負債の部

①流動負債

　流動負債には，営業取引によって生じた債務である支払手形や買掛金など，また1年以内に支払期限が到来する営業外の債務である短期借入金や未払法人税等などが含まれる。

②固定負債

　固定負債には，営業外の取引によって発生した債務のうち1年以内に支払期限が到来しない社債，長期借入金，退職給付引当金などが含まれる。

（3）純資産の部

①株主資本

　株主資本は純資産のうち株主に帰属するものであり，資本金，資本剰余金，および利益剰余金に区分される。

②その他の包括利益累計額

　その他の包括利益累計額は資産または負債について時価評価差額を当期の損益計算書で認識しない場合の当該評価差額や為替換算調整勘定であり，その他有価証券評価差額金などが含まれる。

③新株予約権

　新株予約権は，会社に対して一定期間，あらかじめ定めた一定の価格で新株の交付を請求できる権利である。

④非支配株主持分（少数株主持分）

　非支配株主持分（少数株主持分）は子会社の資本勘定のうち親会社以外の株主が保有している部分であり，連結貸借対照表に特有の項目である。

3 貸借対照表に基づく財務諸表分析

　財務諸表を中心とする会計情報をもとに，企業の経営成績，財政状態，さらには企業価値などを分析する手法が財務諸表分析である。財務諸表分析の手法はその目的にあわせて多様であり，本章の参考文献にあげるように多くの専門書籍が存在する。ここでは，それらに依拠して貸借対照表の分析手法を紹介する。

　貸借対照表を用いた，企業の財政状態（資金の調達源泉と使途・運用のバランス）について分析することを，**安全性分析**という。安全性分析には，直近の貸借対照表日における支払能力をみる短期の安全性分析と，長期の安全性分析の2つの視点がある。

(1) 短期的な安全性に関する分析
①流動比率
　財務安全性の中でも，特に短期の債務返済能力を表す指標として**流動比率**が用いられる。流動比率は次式によって測られる。

$$流動比率 = \frac{流動資産}{流動負債}（\times 100\%）$$

　流動比率は，短期に返済期間が到来する**流動負債**に対して，換金性の高い**流動資産**をどのくらい保有しているかを示す指標である。流動比率は高いほど望ましく，その上昇は債務返済能力の向上を表し，その下降は債務返済能力の低下を表す。具体的な数値として100％が一応の目安とされ，また200％以上が理想的であるといわれる。

②当座比率
　流動比率の分子である**流動資産**は一般的に換金性が高いものの，その中に

は現金・預金，売上債権，有価証券と比べて換金性が低い**棚卸資産**などが含まれる。そこで，より厳密な短期の債務返済能力を示す指標として，**当座比率**が用いられる。当座比率は次式によって測られる。

$$当座比率 = \frac{当座資産}{流動負債}（\times 100\%）$$

当座資産は，現金預金，受取手形，売掛金，売買目的有価証券の換金性の高い資産から構成され，**流動資産**から**棚卸資産**をマイナスすることによって計算される。**当座比率**は，短期に返済期間が到来する流動負債に対して，特に換金性の高い当座資産をどのくらい保有しているかを示す指標である。

流動比率と同様に，当座比率は高いほど望ましく，その上昇は債務返済能力の向上を表し，その下降は債務返済能力の低下を表す。具体的な数値として，100％以上が理想的であるといわれる。

(2) 長期的な安全性に関する分析
①固定比率

財務安全性の中でも，特に長期の債務返済能力を表す指標として**固定比率**が用いられる。固定比率は次式によって測られる。**固定比率**は，長期的に利用される**固定資産**を返済の必要のない**自己資本**によってどの程度賄えているかを表す指標である。

$$固定比率 = \frac{固定資産}{自己資本}（\times 100\%）$$

固定資産は長期間にわたって利用される資産であり，それを調達するための資金も長期的な資金で賄われることが望ましい。また，長期的な資金として**固定負債**も考えられるが，返済期限のある固定負債よりも**自己資本**によって一定割合が賄われることが財務健全性の観点から望ましい。

固定比率は低いほど望ましく，その上昇は債務返済能力の低下を表し，その下降は債務返済能力の向上を表す。固定比率が100％を下回れば長期的な投資のすべてを自己資本で賄えていることを意味し，一方で100％を上回れば負債に頼っていることを意味する。

②固定長期適合率

長期性資産（固定資産）への投資に対しては，実際には，**自己資本**だけではなく，**固定負債**も含めた長期的資金が充当される。そこで，より現実的な長期の債務返済能力を示す指標として**固定長期適合率**が用いられる。固定長期適合率は次式によって測られる。

$$固定長期適合率 ＝ \frac{固定資産}{（固定負債＋自己資本）}（\times100\%）$$

固定長期適合率は，長期的に利用される**固定資産**を返済の必要のない**自己資本**と短期的には返済の必要のない**固定負債**によってどの程度賄えているかを表す指標である。固定長期適合率は，固定比率と同様に低いほど望ましく，その上昇は債務返済能力の低下を表し，その下降は債務返済能力の向上を表す。

固定長期適合率が100％を下回れば長期的な投資のすべてが長期的資金で賄えていることを意味し，一方で100％を上回れば長期的投資が長期的資金のみでは賄えず短期的な資金に頼っていることを意味する。

③自己資本比率

負債と自己資本からなる使用総資本の構成比という視点から長期的な債務返済能力を表す指標として，**自己資本比率**が用いられる。自己資本比率は，次式によって測られる。

$$自己資本比率 ＝ \frac{自己資本}{（自己資本＋負債合計）} （×100\%）$$

自己資本比率は，**負債**と**自己資本**からなる使用総資本に占める自己資本の割合を表す指標である。自己資本比率は高いほど望ましく，その上昇は債務返済能力の向上を表し，その下降は債務返済能力の低下を表す。なお，自己資本比率の逆数を**財務レバレッジ**と呼ぶ。

④負債比率

資金調達の源泉である負債と自己資本の割合をより直接的に比べる指標として**負債比率**が用いられる。負債比率は次式によって測られる。

$$負債比率 ＝ \frac{負債合計}{自己資本} （×100\%）$$

負債比率は，返済の必要のない**自己資本**に対する短期的または長期的に返済の必要がある**負債**の大きさを表す指標である。負債比率は低いほど望ましく，その上昇は債務返済能力の低下を表し，その下降は債務返済能力の向上を表す。

4 純資産簿価と株式価格の関係

(1) 株価純資産倍率

投資情報として貸借対照表の数値を用いるとき，**株価純資産倍率**（PBR）が用いられる。PBRは次式によって測られる。PBRは，株式の本質的価値（企業価値）の近似値である株式時価総額を会計上のストックの評価額である純資産簿価で除したものである。

$$\text{PBR} = \cfrac{\text{株式時価総額}}{\text{純資産(非支配株主持分および新株予約権等を除く)}} \text{(倍)}$$

　企業のPBRは株式価格および会計上の純資産額の変動によって刻々と変化する。また同一業種に属する企業間であっても，PBRが著しく異なることは決して珍しくない。

　図表5-4は，東京証券取引所に上場している企業のうち，医薬品産業および自動車産業に属する企業のPBRの平均値を表している。医薬品産業に属する企業のPBRが一貫して相対的に高いことが確認できる。

図表5-4　医薬品産業と自動車産業のPBRの推移

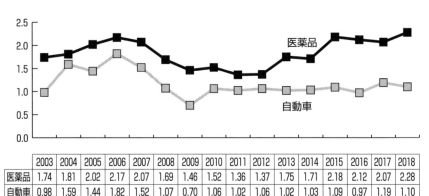

	2003	2004	2005	2006	2007	2008	2009	2010	2011	2012	2013	2014	2015	2016	2017	2018
医薬品	1.74	1.81	2.02	2.17	2.07	1.69	1.46	1.52	1.36	1.37	1.75	1.71	2.18	2.12	2.07	2.28
自動車	0.98	1.59	1.44	1.82	1.52	1.07	0.70	1.06	1.02	1.06	1.02	1.03	1.09	0.97	1.19	1.10

　次に，割引超過利益モデルからPBRモデルを導くことによって，PBRの相違また変化についてみてゆく。割引超過利益モデルでは，会計上の純資産簿価（BV）と利益（E）に基づいて企業価値（P）は次のように定式化される。ここではrは資本コストである。

$$P_0 = BV_0 + \sum_{t=1}^{\infty} \frac{E_t - rBV_{t-1}}{(1+r)^t}$$

この式の両辺を純資産簿価BV_0で割れば，次式で表されるPBRモデルが導かれる。

$$\frac{P_0}{BV_0} = 1 + \sum_{t=1}^{\infty} \frac{(ROE_t - r) \times \dfrac{BV_{t-1}}{BV_0}}{(1+r)^t}$$

上式の右辺第2項，つまり期待超過利益率（$ROE_t - r$）に純資産簿価の成長率（BV_{t-1}/BV_0）を掛けたものの現在価値は「経済上ののれん」と呼ばれる。このようにPBRは，1に経済上ののれんを加えたものとして表現できる。

企業が資本コストを上回る収益率を上げる場合には，企業価値はその純資産簿価よりも大きくなり，PBRは1を上回る。逆に，資本コストを下回る収益率しか上げていない企業では純資産簿価より低い値となり，PBRは1を下回る。

PBRが1より大きい場合，その超過分である経済上ののれんはどのような要素で構成されるのであろうか。超過利益を生み出すファンダメンタルズとして，研究開発の成果，ブランド，人的資本などさまざまな知的無形資産が考えられる。これを図に表せば，図表5-5のとおりである。こうしたオフバランスの資産は利益を生み出すが，純資産簿価は過小に評価されるため，自己資本利益率（ROE）は相対的に高くなり，PBRを上昇させると考えられる。

図表5-5　PBRが1を超過する要因

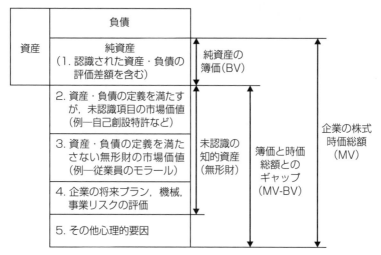

出所：古賀［2005］p.198の図表12-1を一部修正。

5 事例分析

〈エピソード09〉JALの経営破綻からの再建

　日本航空株式会社（以下，JAL）は，会社更生法手続の申立に伴い上場廃止となった2010年2月20日から，2年7ヵ月後の2012年9月19日に東京証券取引所一部に再上場を果たした。JALは企業再生支援機構から3500億円の出資を受けるとともに，融資銀行団から5215億円の債務免除を受け，収益力および財務体質が大きく改善したといわれる。

　再建を通じてJALの財務体質がどの程度変化したのか，またそこから7年以上が経過し現在のJALの財務体質はどうなっているのか，同じく航空大手である全日本空輸との比較を通じて明らかにしよう。

(1) JALの貸借対照表の状況

　JALは，会社更生法手続の申立に伴い2010年2月20日に上場廃止し，2012年9月19日に東京証券取引所一部に再上場を果たした。この2年7ヵ月の間に，JALはさまざまな改革を実施し，収益力および財務体質が大きく改善したと指摘されている。

　具体的には，2兆3000億円の負債を抱えていたJALに対して，企業再生支援機構が3500億円の出資を行うとともに，融資銀行団（日本政策投資銀行，みずほコーポレート銀行）によって5215億円の債券が放棄され，さらに退職者による年金給付の大幅な減額の受け入れがなされた。では，このような改革はどの程度までJALの財務体質を変化させたのであろうか。

　また，JALの有価証券報告書では，業績悪化の原因として「SARS」，鳥インフルエンザ，および外国におけるテロが指摘されていた。しかし，同じく航空大手である全日本空輸（以下，ANA）は同様の環境で事業を展開しながら，これまで継続して事業活動を行っていた。それでは，この両者の違いが何によってもたらされたのだろうか。

　以下では，貸借対照表から求められる財務安全性の指標を用いてJALの財務体質の変化を明らかにするとともに，JALが経営危機に至る過程におけるANAとの相違を検討する。

(2) 短期安全性の変化

　流動比率については，図表5-6から，これまで一定で推移してきたJALの流動比率が経営破綻に陥る直前の2009年に74.9％まで著しく低下していることが確認できる。また，その後の経営再建を経て，2011年には161.3％まで高まり，その後も同様の水準で推移している。一方で，ANAの流動比率はきわめて安定しており，2010年代にはより高い水準で推移している。

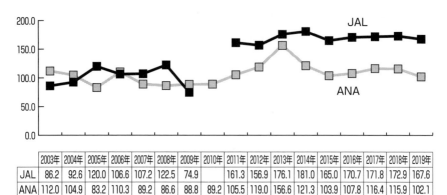

図表5-6　流動比率

	2003年	2004年	2005年	2006年	2007年	2008年	2009年	2010年	2011年	2012年	2013年	2014年	2015年	2016年	2017年	2018年	2019年
JAL	86.2	92.6	120.0	106.6	107.2	122.5	74.9		161.3	156.9	176.1	181.0	165.0	170.7	171.8	172.9	167.6
ANA	112.0	104.9	83.2	110.3	89.2	86.6	88.8	89.2	105.5	119.0	156.6	121.3	103.9	107.8	116.4	115.9	102.1

　また，図表5-7から，JALの**当座比率**が流動比率とほぼ同様に推移していることが確認できる。特に，経営再建を経て，2011年には100％を超え134.5％まで高まり，その後も同様の水準で推移している。一方で，ANAの当座比率は2010年までは緩やかな低下傾向にあり，その後上昇に転じ2013年には117.7％まで上昇したが，その後は70％から80％程度で安定的に推移している。

図表5-7　当座比率

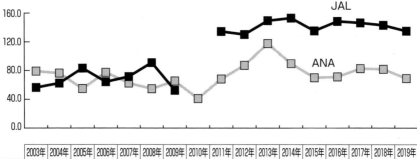

	2003年	2004年	2005年	2006年	2007年	2008年	2009年	2010年	2011年	2012年	2013年	2014年	2015年	2016年	2017年	2018年	2019年
JAL	56.4	62.4	83.2	64.3	71.5	91.0	52.5		134.5	130.3	149.5	153.1	135.4	148.6	146.6	143.3	135.2
ANA	79.1	76.3	54.8	77.4	62.5	54.6	65.4	41.0	68.2	87.2	117.7	89.7	70.0	71.2	82.8	81.9	69.1

　以上の流動比率および当座比率から，JALの短期的な財務安全性が経営再建後に著しく高まり，その水準が維持されていることが確認できる。また経営再建後のJALの流動比率および当座比率は，比較対象であるANAのそれらと比べて著しく高い。

(3) 長期安全性の変化

　固定比率については，図表5-8から，JALが経営破綻に陥る直前の2009年までに激しく変動していることが確認できる。その背景には，損失計上による自己資本の取り崩しと，それを補うための資金調達の繰り返しが存在する。

図表5-8　固定比率

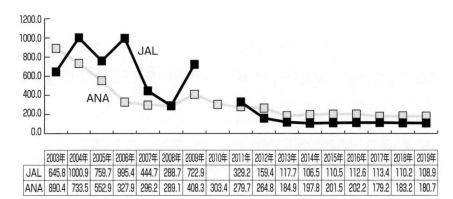

	2003年	2004年	2005年	2006年	2007年	2008年	2009年	2010年	2011年	2012年	2013年	2014年	2015年	2016年	2017年	2018年	2019年
JAL	645.8	1000.9	759.7	995.4	444.7	288.7	722.9		329.2	159.4	117.7	106.5	110.5	112.6	113.4	110.2	108.9
ANA	890.4	733.5	552.9	327.9	296.2	289.1	408.3	303.4	279.7	264.8	184.9	197.8	201.5	202.2	179.2	183.2	180.7

　しかし，経営再建を経て，2011年には329.2％まで低下し，2012年には大幅な利益計上により159.4％まで低下し，その後もさらに低い水準で推移している。一方で，ANAの固定比率は2003年から2008年まで低下しており，2009年には一時的に上昇しているが，その後はいっそう低い水準で推移している。

　また，図表5-9から，これまで一定で推移してきたJALの**固定長期適合率**が経営破綻に陥る直前の2009年に117.1％まで著しく上昇していることが確認

できる。また，その後の経営再建を経て，2011年には77.4％まで低下しているが，その後は緩やかな上昇傾向にある。一方で，ANAの固定長期適合率はきわめて安定しており，2013年には84.8％まで低下したが，その後はJAL同様に緩やかな上昇傾向にある。

図表5-9　固定長期適合率

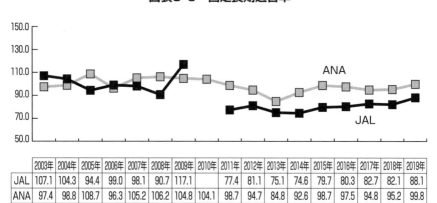

	2003年	2004年	2005年	2006年	2007年	2008年	2009年	2010年	2011年	2012年	2013年	2014年	2015年	2016年	2017年	2018年	2019年
JAL	107.1	104.3	94.4	99.0	98.1	90.7	117.1		77.4	81.1	75.1	74.6	79.7	80.3	82.7	82.1	88.1
ANA	97.4	98.8	108.7	96.3	105.2	106.2	104.8	104.1	98.7	94.7	84.8	92.6	98.7	97.5	94.8	95.2	99.8

自己資本比率については，図表5-10から，低調に推移してきたJALの自己資本比率が事業再建に伴う増資により2007年から2008年にかけて高まっている。しかし，経営破綻に陥る直前の2009年には損失計上により10.0％まで低下している。また，その後の経営再建を経て，2011年には16.5％まで上昇し，2012年には収益性の回復と債務返済により35.7％まで高まっている。その後も上昇を続け，2019年には57.4％に達している。一方で，ANAの自己資本比率は2009年に一時的に低下するものの，長期的にみれば緩やかな上昇傾向にある。

負債比率については，図表5-11から，JALが経営破綻に陥る直前の2009年までに激しく変動していることが確認できる。この特徴は，固定比率と類似している。背景には，やはり損失計上による自己資本の取り崩しと，それを補うための資金調達の繰り返しが存在する。一方で，ANAの固定比率は

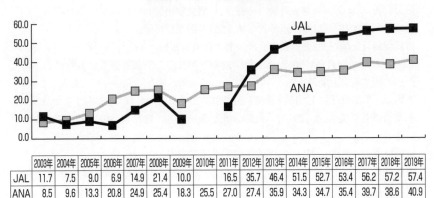

図表5-10　自己資本比率

	2003年	2004年	2005年	2006年	2007年	2008年	2009年	2010年	2011年	2012年	2013年	2014年	2015年	2016年	2017年	2018年	2019年
JAL	11.7	7.5	9.0	6.9	14.9	21.4	10.0		16.5	35.7	46.4	51.5	52.7	53.4	56.2	57.2	57.4
ANA	8.5	9.6	13.3	20.8	24.9	25.4	18.3	25.5	27.0	27.4	35.9	34.3	34.7	35.4	39.7	38.6	40.9

2003年から2008年まで低下しており，2009年に一時的に上昇するが，その後は緩やかな低下傾向にある。

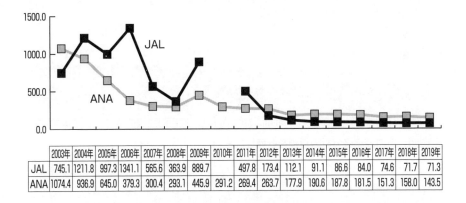

図表5-11　負債比率

	2003年	2004年	2005年	2006年	2007年	2008年	2009年	2010年	2011年	2012年	2013年	2014年	2015年	2016年	2017年	2018年	2019年
JAL	745.1	1211.8	997.3	1341.1	565.6	363.9	889.7		497.8	173.4	112.1	91.1	86.6	84.0	74.6	71.7	71.3
ANA	1074.4	936.9	645.0	379.3	300.4	293.1	445.9	291.2	269.4	263.7	177.9	190.6	187.8	181.5	151.3	158.0	143.5

　以上4つの指標から，JALの長期的な財務安全性が経営危機直前に著しく悪化し，その後経営再建を経て，財政状態が回復したこと，さらにその後の事業活動を通じていっそう財務状態が良くなっていることが確認できる。

参考文献 ◇◇◇

飯野利夫［1993］『財務会計論（三訂版）』同文舘出版。

乙政正太［2019］「財務諸表分析（第3版）」同文舘出版。

古賀智敏［2005］『知的資産の会計』東洋経済新報社。

企業会計基準委員会［2013］「企業会計基準第5号　貸借対照表の純資産の部の表示に関する会計基準」。

企業会計基準委員会［2013］「企業会計基準第22号　連結財務諸表に関する会計基準」。

企業会計基準委員会［2013］「企業会計基準第25号　包括利益の表示に関する会計基準」。

斎藤静樹編［2009］『財務会計（第6版)』有斐閣。

斎藤静樹［2010］『企業会計とディスクロージャー（第4版)』東京大学出版会。

齋藤真哉編著［2013］『ニューベーシック　連結財務会計』中央経済社。

濱本道正［2006］「研究開発のファンダメンタルズと会計測定」『企業会計』第58巻第5号，pp.4-12。

確認テスト

図表5-3を用いて，カゴメの2期間における「3　貸借対照表に基づく財務諸表分析」で説明した財務諸表分析の指標を計算しなさい。

本章のもうチョッと!!

乙政正太［2019］「財務諸表分析（第3版)」同文舘出版。

斎藤静樹編著［2009］『財務会計（第6版)』有斐閣。

齋藤真哉編著［2013］『ニューベーシック　連結財務会計』中央経済社。

広瀬義州［2015］『財務会計（第13版)』中央経済社。

第6章

損益計算書・
包括利益計算書

本章のズバッ！と

□損益計算書・包括利益計算書とはどのようなものなのかを理解する。

□損益計算書・包括利益計算書では，経営活動の内容ごとの収益や利得からそれに対応する費用や損失を差し引いて，企業の活動ごとにどの程度の業績を上げているか明らかにしていることを理解する。

□損益計算書の数値を使って，企業の収益性に関する分析ができるようにする。

キーワード

売上総利益，営業利益，経常利益，当期純利益，包括利益，収益性分析，生産性分析，利益反応係数

〈エピソード10〉

　IFRSでは最終的なもうけである純利益のみ開示が義務付けられ，途中段階の利益は企業が独自に決めることができる。特にばらつきが多いのが本業のもうけを指す営業利益だ。IFRS採用企業では「事業利益」や「コア営業利益」など各社が定義する利益が開示されている。同業でも定義の違いから純利益以外は比較が難しいという問題がある。

　東京証券取引所によると，2023年２月時点のIFRS採用企業は251社で，17年６月から倍増した。社数は上場企業全体の６％にとどまるものの，時価総額ベースでは22年６月末時点で４割を超えている。トヨタ自動車や日本航空などグローバルに事業を手がける企業での採用が増えている。23年３月期には川崎重工業などがIFRSに移行した。詳細なルールで会計処理を定める「細則主義」の日本基準に対し，IFRSは様々な国や地域で採用できるよう原則だけを定め，詳細は企業の裁量に委ねている。会計基準の違いを理解したうえで，投資判断をする必要がありそうだ。

（日経ヴェリタス2023年３月26日号掲載）

　日本基準で作成された損益計算書では，売上総利益，営業利益，経常利益，当期純利益，さらに包括利益計算書類で包括利益という利益情報が計算・開示されている。この中で経常利益は"ケイツネ"と呼ばれ，日本のビジネスシーンではこれまでは非常に馴染みのある，かつ，重要性の高い利益指標といわれてきた。しかし，近年，日本企業の採用が増加しているIFRSでは，売上総利益の次は純利益の計算しか求められておらず，経常利益という概念はそもそも存在しない。

　エピソードに書かれているように，売上総利益と純利益の間の利益数値は各企業の事業内容に応じて任意に定義されて開示されており，そのため"営業利益"であっても企業によって計算要素は異なることが多い。その企業の

ことを単独で分析，検討するのであれば，IFRSのような企業の状況・環境や事業内容の多様性を認めた利益開示の方がよいといえるかもしれない。一方で，企業比較をするに当たっては，売上総利益と純利益だけしか財務諸表数値からは比較できないことになってしまうため，日本基準のように画一的に決められた段階的利益の方が，分析者には都合がいいかもしれない。

　しかし，各国の税率や金利の違いやキャッシュフローを伴わない費用を控除して算出するEBITDA（Earnings Before Interest, Taxes, Depreciation and Amortization：支払利息，減価償却前，償却前の税引前利益）のような分析目的に適う利益指標を算出するということは，これまでも頻繁に行われてきたことである。損益計算書では，純利益ないし包括利益を計算するまでの収益・費用および利得・損失項目は開示されているので，やはり"ケイツネ"が日本企業の分析に役に立つのであれば，IFRS採用の損益計算書から算出すればよいだけの話である。そのためには，損益計算書の基本構造をよく理解しておく必要がある。

　本章では，損益計算書はどのような情報内容をもっているのかについて学習し，その後，損益計算書の情報を使って，企業分析をどのように行うか学習する。それにより，損益計算書情報のもつ利点や欠点，特徴を正確に見抜ける目を学習者にもってもらえればと思う。

1　損益計算書，包括利益計算書とは何か

(1) 損益計算書とは何か

　損益計算書は，企業の経営成績を明らかにするために作成される財務諸表の1つである。会計基準に従って具体的に示すと，一会計期間に属するすべての収益とこれに対応するすべての費用，および特別損益項目により当期純

利益を計算する財務諸表の1つ（企業会計原則，損益計算書原則第一）ということになる。

(2) 包括利益計算書とは何か

　包括利益計算書は，当期純利益（連結包括利益計算書の場合は，少数株主損益調整前当期純利益）にその他の包括利益の内訳項目を加減して包括利益を計算する財務諸表の1つである（企業会計基準第25号第6項）。

　なお，包括利益の計算は，損益計算書で当期純利益を計算し，別途，包括利益計算書において，損益計算書で計算された当期純利益から包括利益を計算する方法（**2計算書方式**，図表6-1参照）と，損益計算書と包括利益計算書を組み合わせて包括利益を計算する方法（**1計算書方式**，図表6-2参照）の2つの方法がある（企業会計基準第25号第11項）。

図表6-1　2計算書方式による表示方法（カゴメ株式会社の場合）

（単位：百万円）

連結損益計算書		前連結会計年度 （自 平成29年1月1日 至 平成29年12月31日）	当連結会計年度 （自 平成30年1月1日 至 平成30年12月31日）
売上高		214,210	209,865
売上原価		117,738	115,216
	売上総利益	96,472	94,649
販売費及び一般管理費		84,503	82,648
	営業利益	11,968	12,000
営業外収益			
受取利息・配当金		750	618
受取利息		409	258
その他		808	434
	営業外収益合計	1,559	1,053
営業外費用			
支払利息		477	410

為替差損	41	88
持分法による投資損失	44	72
その他	346	430
営業外費用合計	910	1,002
経常利益	12,618	12,051
特別利益		
固定資産売却益	354	1,482
投資有価証券売却益	1,721	4,574
関係会社株式売却益	2,171	—
その他	341	—
特別利益合計	4,590	6,056
特別損失		
固定資産売却損	195	228
減損損失	1,337	136
災害による損失	—	1,271
事業構造改善費用	—	471
その他	62	71
特別損失合計	1,598	2,179
税金等調整前当期純利益	15,610	15,928
法人税，住民税及び事業税	4,688	4,990
法人税等調整額	544	△ 69
法人税等合計	5,232	4,921
当期純利益	10,377	11,006
(内訳)		
親会社株主に帰属する当期純利益	10,100	11,527
非支配株主に帰属する当期純利益	276	△ 521

連結包括利益計算書

当期純利益	10,377	11,006
その他の包括利益		
その他有価証券評価差額金	2,484	△ 6,079

	前連結会計年度	当連結会計年度
繰延ヘッジ損益	△ 1,850	△ 1,975
為替換算調整勘定	656	△ 1,430
持分法適用会社に対する持分相当額	△ 2	0
その他の包括利益合計	1,723	△ 9,617
包括利益	12,100	1,389
(内訳)		
親会社株主に係る包括利益	11,621	2,206
非支配株主に係る包括利益	479	△ 817

図表6-2　1計算書方式による表示方法（カゴメ株式会社の場合）

（単位：百万円）

連結損益および包括利益計算書	前連結会計年度 （自 平成29年1月1日 至 平成29年12月31日）	当連結会計年度 （自 平成30年1月1日 至 平成30年12月31日）
売上高	214,210	209,865
売上原価	117,738	115,216
売上総利益	96,472	94,649
販売費及び一般管理費	84,503	82,648
営業利益	11,968	12,000
営業外収益		
受取利息・配当金	750	618
受取利息	409	258
その他	808	434
営業外収益合計	1,559	1,053
営業外費用		
支払利息	477	410
為替差損	41	88
持分法による投資損失	44	72
その他	346	430
営業外費用合計	910	1,002
経常利益	12,618	12,051

特別利益			
固定資産売却益		354	1,482
投資有価証券売却益		1,721	4,574
関係会社株式売却益		2,171	—
その他		341	—
	特別利益合計	4,590	6,056
特別損失			
固定資産売却損		195	228
減損損失		1,337	136
災害による損失		—	1,271
事業構造改善費用		—	471
その他		62	71
	特別損失合計	1,598	2,179
	税金等調整前当期純利益	15,610	15,928
法人税，住民税及び事業税		4,688	4,990
法人税等調整額		544	△ 69
	法人税等合計	5,232	4,921
	当期純利益	10,377	11,006
（内訳）			
親会社株主に帰属する当期純利益		10,100	11,527
非支配株主に帰属する当期純利益		276	△ 521
その他の包括利益			
その他有価証券評価差額金		2,484	△ 6,079
繰延ヘッジ損益		△ 1,850	△ 1,975
為替換算調整勘定		656	△ 1,430
持分法適用会社に対する持分相当額		△ 2	0
	その他の包括利益合計	1,723	△ 9,617
	包括利益	12,100	1,389
（内訳）			
親会社株主に係る包括利益		11,621	2,206
非支配株主に係る包括利益		479	△ 817

2 損益計算書・包括利益計算書の区分と様式

(1) 損益計算書・包括利益計算書の区分表示

　損益計算書や包括利益計算書は，貸借対照表と同じように勘定科目の内容ごとに区分し，財務諸表利用者にわかりやすく表示される。

　わが国の損益計算書では，フロー項目である**収益**と**費用**を，**売上総利益計算区分**，**営業利益計算区分**，**経常利益計算区分**，**純利益計算**の4つの段階に区分して，**営業利益**，**経常利益**，**当期純利益**の段階別利益が計算される。また，それに加えて包括利益が計算される。このように，財務諸表利用者が企業の活動ごとの経営実態を把握しやすいように表示されている。

①売上総利益計算区分

　売上総利益計算区分では，**売上高**から**売上原価**を差し引いて**売上総利益**（または売上総損失）を計算する。なお，売上総利益を英語ではGross Profitといい，これを直訳して粗利益とも呼ばれる。商品売買業で考えると，販売した商品の売上高という収益と売上原価という費用が直接的に対応している。そのもとで計算された売上総利益は，期間的対応による費用を含まず，直接的対応のみで計算された利益であるという特徴がある。この点で，以下の利益計算区分，利益概念と大きな違いがあり，IFRSでもGross Profitは通常開示される。

②営業利益計算区分

　営業利益計算区分では，企業の経営活動のコアとなる営業活動に関する損益項目を集計し，企業の営業活動から得られた利益を計算する区分である。営業利益計算区分では，売上総利益から，**販売費及び一般管理費**を差し引いて**営業利益**（または営業損失）を計算する。

　製造業では，売上高は製品の販売額であり，売上原価は販売された製品の製造原価である。販売費及び一般管理費は製造原価以外の，製品の販売・管理にかかったコストである。自動車産業を例にとれば，売上高は売れたクルマの販売額で，売上原価は材料費や部品代，製造に携わる労働者の人件費などの売れたクルマの製造コストである。このクルマを売るための広告費や販売部門や管理部門の人件費などが，販売費及び一般管理費ということになる。

　そのため，売上総損失や営業損失を生じさせている企業は，クルマを作って売っても赤字となる状態であることを意味し，きわめて危険な経営状態に陥っていることとなる。

③経常利益計算区分

　経常利益計算区分では，営業活動以外の要因で経常的に発生する**営業外収益**と**営業外費用**を，営業利益加減算して**経常利益**（または経常損失）を計算する区分である。そのため，経常利益は企業の経常的な活動による成果という情報内容をもつ。

　企業経営上，営業外かつ経常的に発生する収益・費用は，主に財務活動（ファイナンス活動）や継続的な投資活動により生じるもので，受取利息，受取配当金，支払利息，為替差損益や持分法による投資損益などがある。なお，IFRS採用企業の場合，営業活動に不可分な財務活動上の費用・収益を加えて営業利益を計算する企業もあり，IFRS準拠の損益計算書をみる場合は，営業利益が実質的に日本の経常利益と同じ意味をもつ指標のことがあることに注意する必要がある。

④純利益計算区分

　純利益計算区分では，企業の非経常的な活動から生じる利益や損失である，**特別利益**と**特別損失**を，経常利益に加減算して**税金等調整前当期純利益**（また

は税金等調整前当期純損失）を計算する区分である。なお，税金等調整前当期純利益より，法人税などの税金を差し引いて**当期純利益**（または当期純損失）を計算する。

特別利益や特別損失は，不要になった固定資産の売却損益や除却損，廃棄損，災害や事故による損失といった，企業において経常的には生じない項目である。特別利益や特別損失の項目を区分することによって，営業利益や経常利益において，企業の本質的なパフォーマンスが表示され，当期純利益において企業全体の総合的な実際の業績を示し，財務諸表利用者の各種の意思決定に資する工夫がなされているのである。

なお，連結財務諸表（連結損益計算書）においては，親会社と子会社の当期純利益を連結状の調整をした上で合算したものが当期純利益として計上され，そこから当期純利益のうち，非支配株主（少数株主）に帰属する当期純利益と親会社持分に帰属する当期純利益を区別して計上する。

⑤包括利益計算書

当期純利益を計算したのち，当期純利益にその他の包括利益の各項目を加減算して，**包括利益**を計算する。包括利益とは，企業の特定期間の財務諸表において認識された純資産の変動額（ただし当該企業の純資産に対する持分所有者との資本取引を除く）をいう。また，**その他の包括利益**とは，包括利益のうち，当期純利益を計算する過程に含まれない部分をいい，その他有価証券評価差額金，繰延ヘッジ損益や為替換算調整勘定や退職給付に係る調整額などがある。なお，包括利益がマイナスとなった場合でも，包括損失ではなく，包括利益として表示される。

(2) 損益計算書の様式

損益計算書の様式には，損益勘定のように，借方に費用（あるいは損失），

貸方に収益（あるいは利益，利得）を記入する**勘定式損益計算書**と，損益計算書の区分の順に記載していく**報告式損益計算書**（図表6-1，図表6-2）がある。

3 損益計算書に基づく財務諸表分析

(1) 収益性分析

　損益計算書項目に基づく財務比率を用いた財務諸表分析は，一般に，**収益性分析**と呼ばれる。収益性分析とは，企業がどの程度の利益水準にあるか分析するものである。収益性とされているが，主たる分析対象は各種の利益になる。収益性分析には，売上収益のうちの，どの程度の利益が獲得できているか検討する**売上高利益率**と，事業に投下した資本を使って，どの程度の利益を獲得したか検討する**資本利益率**がある。

①売上高利益率

　売上高利益率は，損益計算書の各段階の利益である，売上総利益，営業利益，経常利益，当期純利益を売上高で割ったものである。一般に，損益計算書では各利益数値の横にこの比率が示されている。

1）売上高総利益率

　売上高総利益率は粗利益率とも呼ばれ，原価の適正度や売価の適正度の判断材料として用いられる。売上高総利益率を決める要素は，(a)製品，商品，サービスの収益力（⇨売上高を増大させる），(b)製造過程，仕入・調達過程の効率性（⇨売上原価を低減させる）であり，特に後者の適正性が重要である。なお，次の式で計算される。

$$売上高総利益率 = \frac{売上総利益}{売上高}（\times 100\%）$$

2）売上高営業利益率

売上高営業利益率は，企業の本来行うべき営業活動による収益力を示す。売上高営業利益率は先の売上高総利益率に比べて低い値になるが，差異が大きい場合には，販売費や一般管理費の割合が高いことを示している。なお，次の式で計算される。

$$売上高営業利益率 = \frac{営業利益}{売上高} \, (\times 100\%)$$

3）売上高経常利益率

売上高経常利益率は，営業活動のほかに，資金調達活動等を含んだ企業の経常的な活動による収益力を示す。営業利益から経常利益を計算する過程には，営業外項目が加減算される。そのため，売上高経常利益率が先の売上高営業利益率に比べてかなり低い場合には，利率の高い有利子負債を多く抱えていることを示している。逆に，売上高経常利益率の方が高い場合は，ファイナンスに関する活動による運用がうまくいっていることを示す。なお，次の式で計算される。

$$売上高経常利益率 = \frac{経常利益}{売上高} \, (\times 100\%)$$

4）売上高純利益率

売上高純利益率は，企業全体の活動の収益力を示す。売上高純利益率が先の売上高経常利益率に比べて，かなり小さい場合（または大きい）には，その会計期間に比較的大きな臨時的，非経常的な事象が生じたことを示す。

$$売上高純利益率 = \frac{当期純利益}{売上高} \, (\times 100\%)$$

②資本利益率

資本利益率は，一定期間に投下，運用された資本によってどれだけ利益を

獲得したかという，資本の利益獲得効率を示す。基本的には，次の式で計算される。

$$資本利益率 = \frac{利益}{資本（期中平均）}（\times 100\%）$$

　分析の目的にあわせ，分母の資本，分子の利益についてどのような値を使うかによって，いくつかの比率がある。分母の各種の資本数値は貸借対照表のある一時点におけるストック項目であり，分子の利益数値は損益計算書の一会計期間におけるフロー項目である。そこで，利益が生じたタイミングと資本投下されたタイミングを考慮に入れながら，分母の資本数値の時点を設定することが望ましいが，外部情報利用者には，そのような情報は開示されないため，アナリスト等は一般的に期中平均値を使っている。

1）自己資本利益率（Return on Equity：ROE）

　自己資本利益率（株主資本利益率ともいう）は，一般にROEと呼ばれ，株主の持分である自己資本（株主資本）によってどれだけの利益を獲得したかを示す。また，株主にとっては，株式投資による投資利回りに判断指標となる。ROEは次の式で計算される。

$$自己資本利益率（ROE） = \frac{当期純利益}{株主資本合計}（\times 100\%）$$

　ROEは当期純利益が多ければ高くなるだけではなく，負債が多く株主資本が少ない場合も，分母が小さくなるので高くなる。そのため，分析にあたっては，ROEは資本構成に強い影響を受けることを考慮に入れる必要がある。

2）総資本利益率（Return on Assets：ROA）

　総資本利益率は，総資産利益率ともいい，ROAと略して呼ばれる。投下したすべての資本が，どれだけの利益を獲得したかを示す。総資本＝総資産

であるので，保有資産の利益獲得の効率性をも示すことになる。なお，ROAは次の式で計算される。

$$\text{総資本利益率（ROA）} = \frac{\text{利益}}{\text{資産合計}}（\times 100\%）$$

　分子の利益数値は，損益計算書における種々の利益数値を利用することがよく行われる。では，どの利益数値が良いのであろうか。

ⅰ）当期純利益を用いたROA
　ROEの場合は株主資本の投資利回りを検討するために当期純利益を用いることに整合性があるが，当期純利益には，企業の業績に直接的な関係があるとは言い難い法人税等や，臨時的，非継続的な特別損益項目が含まれている。ROAでは企業全体の利益獲得の効率性を分析しようとしているため，特別損失項目などは，ROAを分析しようとしている情報利用者にとっては無用な情報であり，"ノイズ"になる可能性があるという難点が当期純利益にはある。

$$\text{ROA（当期純利益）} = \frac{\text{当期純利益}}{\text{資産合計}} \times （100\%）$$

ⅱ）営業利益を用いたROA
　営業利益は企業の本業における利益を示している。分母の資産合計には，商品や営業用の固定資産など，売上高などの営業収益を獲得するための資産だけではなく，各種預金や有価証券が含まれている。これらは受取利息や受取配当金などの財務収益・金融収益を獲得するための資産である。営業利益には，財務収益・金融収益が含まれていないことに難点がある。

$$ROA(営業利益) = \frac{営業利益}{資産合計} \times (100\%)$$

iii）経常利益を用いたROA

　経常利益には特別損益項目は含まれず，かつ財務・金融収益を含んだ利益数値であるため，ほかの2つの利益数値に比べ，より適切に効率的な収益性，業績の検討を可能にするということになる。

　経常利益を用いたROAは「**総資本経常利益率**」とも呼ばれ，損益計算書の利益数値を用いたROAの中では最も一般的である。

$$ROA(経常利益) = \frac{経常利益}{資産合計} \times (100\%)$$

　しかし，経常利益も支払利息などの負債コストを利益計算に含めるので，資本構成を無視したものとなっている難点がある。

　このように，損益計算書において表示される各利益数値で計算されたROAには問題点がある。それらを解消すべく，分析目的に適した利益数値を損益計算書の情報から別途計算したり，さらに，分析目的に適した分母の資本数値を貸借対照表情報から別途計算した上で，ROAによる分析が行われる。

3）事業利益を用いたROA（総資本事業利益率）

　前述の総資本経常利益率から，資本構成の影響を除去して効率的な収益性を検討する場合，営業活動に供された資産は営業利益を，ファイナンスに関する活動に供された資産は財務・金融収益を獲得するものと考えて，これらを加えた利益数値（この利益数値を**事業利益**と呼ぶ）を分子に用いた方が，ROAの計算には整合的であると考えられる。これを総資本事業利益率といい，次の式で計算される。

$$\text{総資本事業利益率} = \frac{\text{事業利益}}{\text{資産合計}} (\times 100\%)$$

なお，事業利益は損益計算書では表示されておらず，次式で計算する。

$$\text{事業利益} = \text{営業利益} + \text{受取利息} + \frac{\text{有価証券}}{\text{利息}} + \frac{\text{受取}}{\text{配当金}} + \frac{\text{持分法による}}{\text{投資利益}}$$

4）経営資本営業利益率

企業の本業における効率的な収益性を検討する場合，分子には営業利益をおき，分母には営業活動に供された資産（これを「**経営資本**」という）をおくことが整合的であるといえる。経営資本は，総資産（総資本）から，遊休資産や繰延資産，投資資産など，営業活動に直接関係しない資産である経営外資本を差し引いて計算する。

$$\text{経営資本営業利益率} = \frac{\text{営業利益}}{\text{経営資本}} (\times 100\%)$$

なお，経営外資本を企業外部のアナリストなどが特定することは難しいため，便宜上，経営資本は次の式で計算される。

$$\text{経営資本} = \text{総資産} - \text{投資その他の資産} - \text{建設仮勘定} - \text{繰延資産}$$

③資本利益率の分解

資本利益率は，企業が効率的に収益を獲得できているかどうか判別する指標であるが，貸借対照表項目と損益計算書項目の双方を使った指標であるため，その計算された資本利益率だけをみて，その変動の要因を適切に把握することが困難である。そこで，資本利益率を分解して，その要因を探る。

まず，ROAを分解してみよう。ROAの分子と分母に売上高を掛けると，

次のようにROAは２つの項目に分解される。

$$ROA = \frac{利益 \times 売上高}{資産合計 \times 売上高} = \underbrace{\frac{利益}{売上高}}_{\substack{\uparrow \\ 売上高利益率 \\ （収益性の指標）}} \times \underbrace{\frac{売上高}{資産合計}}_{\substack{\uparrow \\ 総資本回転率 \\ （生産性の指標）}}$$

　このように，ROAは収益性の指標と，後述する**生産性の指標**を包括したものとなっている。つまり，売上高利益率と総資本回転率のうち，向上の余地がある部分を検討し，改善することによってROAの向上が達成できるということになる。また，分析にあたっては単純にROAの高低をみるだけではなく，売上高利益率と総資本回転率のいずれがROAに影響を与えているか検討する必要がある。

　次に，ROEを分解してみよう。ROEの分子と分母に売上高と資産合計を掛ける。そうすると，次のようにROEは３つの項目に分解される。

$$ROE = \frac{当期純利益 \times 売上高 \times 資産合計}{株主資本合計 \times 売上高 \times 資産合計} = \underbrace{\frac{当期純利益}{売上高}}_{\substack{\uparrow \\ 売上高総利益率 \\ （収益性の指標）}} \times \underbrace{\frac{売上高}{資産合計}}_{\substack{\uparrow \\ 総資本回転率 \\ （生産性の指標）}} \times \underbrace{\frac{資産合計}{株主資本合計}}_{\substack{\uparrow \\ 財務レバレッジ \\ （安全性の指標）}}$$

　このように，ROEは収益性の指標と，（後述する）生産性，安全性の指標を包括したものとなっている。先ほど，負債依存度が高まるとROEが高い値になるとしたが，財務レバレッジ（高いほど負債依存度が高く，財政状態が悪い）の影響がROEには混入するためで，これを**財務レバレッジ効果**という。そのため，ROEによる分析を行う際には，収益性のほかに，特に資金調達の状況に関する安全性分析の視点を加えて，総合的に検討をする必要がある。

(2) 生産性分析

　生産性分析は，インプット（経営資源の投入）に対してどれだけのアウトプット（生産高）があったかについて分析を行うものである。簡単にいえば，労働者1人で1日2つの製品を生産するのと，労働者2人で1日2つの製品を生産するのでは，前者の方が2倍の生産性をもっていることになる。生産性分析の指標は，次の一般式で表される。

$$
生産性 = \frac{アウトプット}{インプット}
$$

　財務諸表数値を用いた生産性分析は，アウトプットに売上収益，インプットに投下資本をおいて，収益獲得に対する資本の効率性を分析するため，**効率性分析**とも呼ばれる。

①効率性分析

　効率性分析では，次の式で示される**資本回転率**という指標を使って分析を行う。分子の各種資本には，効率性を測定したい貸借対照表項目を用いる。高い数値ほど効率的に企業活動が行われていることになる。

$$
資本回転率 = \frac{売上高}{各種資本}（回）
$$

1) 総資本回転率

総資本回転率は，投下したすべての資本がどの程度売上に貢献したかを表す。

$$
総資本回転率 = \frac{売上高}{資産合計}（回）
$$

2) 固定資産回転率

　固定資産回転率は，固定資産への投資が効率的に売上に貢献しているかについて分析するために用いる。固定資産回転率が低い場合は，使用されてい

ない固定資産（遊休資産）や固定資産の生産効率の低下原因となっていることが考えられる。ただし，新製品の開発や新規市場への参入を行い，新規に固定資産を多く取得したときは，その固定資産の使用による企業活動が軌道に乗り，その効果が現れるまでの間，一時的に悪化することがある。

$$固定資産回転率 = \frac{売上高}{固定資産合計}（回）$$

3）有形固定資産回転率

有形固定資産回転率は，固定資産回転率のうち有形固定資産への投資に着目し，効率的に売上に貢献しているか分析するために用いる。これも，遊休資産や生産効率の低下が原因で低い値になることがある。

$$有形固定資産回転率 = \frac{売上高}{有形固定資産合計}（回）$$

4）棚卸資産回転率

棚卸資産回転率は，取扱商品，製品や材料等が，効率的に売り上げられているかについて分析するために用いる。この回転数が低下した場合は，売れ残りが増え，生産活動の水準に販売活動が追いついていない状況となっており，過剰在庫が存在することになる。

$$棚卸資産回転率 = \frac{売上高}{棚卸資産合計}（回）$$

なお，棚卸資産の保有日数（言い換えれば商品・材料仕入から売り上げられるまでの日数）は，棚卸資産回転率の逆数に365日を掛けると求めることができる。これを**棚卸資産回転日数**という。

$$棚卸資産回転日数 = \frac{棚卸資産}{売上高} \times 365（日）$$

②資本回転率の手法を使った安全性分析の手法

資本回転率の考え方を応用して，売上債権の回収速度や仕入債務の返済速度を分析することができる。これらは，生産性分析の側面もあるが，むしろ安全性分析のカテゴリーに入る指標である。

1）売上債権回転率

売上債権回転率は，売掛金や受取手形といった売上債権の回収速度を表す。この数値が高いと，売上債権の回収がすばやく行われていることを表す。逆に，この数値が低いと回収が滞っていることとなり，貸し倒れのリスクが高まっていることを示す。

$$売上債権回転率 = \frac{売上高}{受取手形＋売掛金}（回）$$

なお，売上債権回転率を応用して，売上債権の回収日数（**売上債権回転日数**）を，次のように求めることができる。

$$売上債権回転日数 = \frac{受取手形＋売掛金}{売上高} \times 365（日）$$

2）仕入債務回転率

仕入債務回転率は，買掛金や支払手形といった仕入債務の返済速度を表す。この数値が高いと，仕入債務の返済がすばやく行われていることを表す。一方，この数値が低いと，返済が滞り気味であることを示し，短期的な支払能力に懸念が生じていると考えられる。

$$仕入債務回転率 = \frac{売上原価}{支払手形＋買掛金}（回）$$

なお，仕入債務回転率を応用して，仕入債務の返済日数（**仕入債務回転日数**）を，次のように求めることができる。

$$仕入債務回転日数 = \frac{支払手形＋買掛金}{売上原価} \times 365(日)$$

(3) 損益計算書数値を使った安全性分析

•インタレスト・カバレッジ・レシオ（Interest Coverage Ratio）

第5章でみた流動比率や当座比率は，近い将来の流動負債の返済能力に焦点をおいた指標であるが，負債に伴う支払利息の支払能力に焦点を当てた指標として，インタレスト・カバレッジ・レシオがある。

$$インタレスト・カバレッジ・レシオ = \frac{事業利益}{支払利息・割引料} (\times 100\%)$$

(4) 株価と損益計算書数値を用いた分析

・株価収益率（Price per Earnings Ratio: PER, P/E）

企業への株式投資をするにあたり，損益計算書数値と株価情報を分析する指標として株価収益率（PER）がある。これは，次式のように，株価を1株当たり当期純利益で割ったものある。

$$PER = \frac{株価}{1株当たり当期純利益} (倍)$$

株主からPERをみれば，企業が稼得する利益によって，株式への投資元本を何年で回収できるかという意味をもつ。これが高ければ，投資案件としては割高な株式，低ければ割安な株式ということになる。

しかし，第5章でみたPBRと同じように，必ずしも，PERが高ければ（低ければ）その株式銘柄は割高（割安）であるといったものではない。もし，PERが低い企業があったとする。その企業の当期純利益には，事業用の土地を売却した際の売却益が含まれていたならば，このような売却益は，企業の本来の経営活動から得られたものではないので，売上高のように継続的に生

じるものではない。そのため，株式市場は売却益を，売上等から得られた利益よりも低く評価すると考えられ（詳しくは，次節の利益反応係数のところで説明する），株価はあまり上昇せず，PERが低くなる。それゆえ，この企業の株式は割安というわけではないということになる。

逆に，PERが高い企業があったとする。その企業は事業拡張のために設備投資を行った場合，減価償却費が増大し，新設備が事業活動上，軌道に乗り切っていなければ，まだ収益を完全に獲得し始めておらず，当期純利益は下がる。しかし，新設備による事業活動が高い収益性をもっていると評価されれば株価は上昇すると考えられる。その結果，PERが高いとすれば割高とはいえないということになる。

4 損益計算書項目と情報有用性 ── 価値関連性分析

(1) 価値関連性分析の基礎

会計情報の意思決定有用性については，会計数値と株価との関係を統計的に分析する手法を用いて，これまで多くの研究がなされてきた。このような分析を**価値関連性分析**（value relevance analysis）という。

会計利益と株価との間の関係を分析する場合，会計利益を独立変数（説明変数），株価を従属変数（被説明変数）として次の6-1式として示される回帰式にて分析を行う。

$$P_i = a + \beta X_i + \varepsilon_i \cdots\cdots (6\text{-}1)$$

P_iは企業iの決算発表時の株価，X_iは企業iの年度末の会計利益を示す。aは切片，βは傾きでこれらが回帰分析によって推定される。ε_iは回帰式から推定される値と実際値との誤差になる。また，βは利益反応係数（earnings response coefficient）と呼ばれる。この利益反応係数は，会計利益が投資家の意思決定に有用であれば株価と正の関係になっていると考えられる。そのため，利益反応係数はプラスの値で統計的に有意になると予測される。

　ここで，会計利益として，日本の損益計算書で開示されている会計利益数値である，①営業利益，②経常利益，③当期純利益を使って分析を試みる。データのサンプルは，2008年3月決算日から2012年3月決算日までの日経225企業から，大きく会計基準が異なる金融・保険業を除き，また，3月末決算の企業で，かつ日本の会計基準を用いている黒字決算企業を採集した（その結果，サンプル数は622）。この分析結果は，図表6-3のようになった。

図表6-3　6-1式の分析結果

	①$P_i = \alpha + \beta$ 営業利益$_i + \varepsilon_i$	②$P_i = \alpha + \beta$ 経常利益$_i + \varepsilon_i$	③$P_i = \alpha + \beta$ 当期純利益$_i + \varepsilon_i$
決定係数(R^2)	0.672	0.701	0.654
切片(α) t値	256.253 7.182	256.662 7.614	384.076 11.177
傾き(β) t値	7.171 35.662	7.095 38.177	10.952 34.326

　この結果から，いずれの変数も統計的に1％水準で有意であるので，いずれの利益数値も情報として，投資家に有用であることがわかる。また，どの利益数値の傾きも正の値となっているので，利益数値と株価は正に相関している。決定係数は，簡単にいうとモデルの適合度，説明力を示す。3つの会計利益の分析の決定係数は，それぞれ異なる分析から得られた結果なので，直接的に比較することはできないが，情報有用性は，"経常利益＞営業利益＞当期純利益"の順になっているのではないかと推定される。

　損益計算書の構造をみると，経常利益は，営業利益に営業外収益と営業外

費用を加減算して求められた値で，営業外収益と営業外費用の分だけ情報量が多いこととなる。また，当期純利益は，特別利益と特別損失を加減算して，さらに法人税等の税金に関する調整をした値になる。それゆえ，当期純利益はその分だけ情報量が多いこととなる。そこで，営業外収益と営業外費用は情報として有用であるが，特別利益と特別損失等は情報としてあまり有用でない可能性がある。そこで，追加的な分析を加えてみよう。

(2) 会計利益要素の分解
①企業の価値と利益反応係数

　もし，当期純利益が一定のトレンド（傾向）をもつと仮定しよう。毎期，株主の要求利回りである資本コスト（r）が一定で，かつ，gだけ利益が成長するなら，前節の次式のように表される。

$$P_0 = \frac{NI}{r-g}$$

　つまり，株価は（切片を無視すれば）当期純利益の$\frac{NI}{r-g}$倍ということになる。この$\frac{NI}{r-g}$は，**利益反応係数**と呼ばれる。

　この利益反応係数$\left(\frac{NI}{r-g}\right)$を，実際の株価と当期純利益のデータを用いて推定することが先ほど行った会計利益と株価の回帰分析となる。つまり，6-1式の回帰式のβが統計的に推定された会計利益の利益反応係数となる。

②会計利益と利益反応係数の分解

　なお，会計数値の各項目は，情報として有用かであるかどうか，有用である場合にどの程度影響を与えるか，それぞれ相違があると考えられる。そのため，利益反応係数も異なってくる。その視点から，会計利益の構成要素（言

い換えれば損益計算書項目）は次の3つのタイプに分けられる。

1）永続的利益要素（X_P）

永続的利益要素は，企業の経営活動において，反復的で持続的な活動から生じる損益項目をいう。永続的利益要素の利益反応係数は，その絶対値が1よりも大きくなる。

2）一時的利益要素（X_T）

一時的利益要素は，今年度しか生じない損益項目になる。1円の一時的利益要素が株価を構成する金額は，$\dfrac{X_T}{(1+r)^0} = 1 \times X_T$となる。そのため，利益反応係数は1に近似した値になる。

3）価値無関連利益要素（X_I）

価値無関連利益要素とは，実際の将来キャッシュフローに影響を与えない損益項目で，株価にも影響を与えないので，利益反応係数は0となる。

図表6-4　6-2式の分析結果

$P_i = \alpha + \beta_1$営業利益$_i + \beta_2$営業外収益$_i + \beta_3$営業外費用$_i + \varepsilon_i$			
自由度修正済決定係数 （$Adj.R^2$）	0.709	営業利益の傾き（β_1） t値	7.670 33.450
切片（α） t値	293.560 8.113	営業外収益の傾き（β_2） t値	3.922 4.917
		営業外費用の傾き（β_3） t値	−8.275 −8.221

さて，営業利益と経常利益では，経常利益の方が情報有用性，価値関連性が高いと考えられ，その理由として，営業外損益項目の情報有用性が高いからではないかと想定された。そこで，先ほどの，経常利益を独立変数とした

回帰式の，経常利益を営業利益と営業外収益，営業外費用にわけて，次の重回帰式で分析をしてみよう。この分析結果は，図表6-4のようになった。

$$P_i = \alpha + \beta_1 営業利益_i + \beta_2 営業外収益_i + \beta_3 営業外費用_i + \varepsilon_i \cdots\cdots (6\text{-}2)$$

営業外収益の利益反応係数（β_2）と営業外費用の利益反応係数（β_3）の推定値は，統計的にいずれも有意で，それぞれの絶対値は1より大きな値になっているため，営業外収益と営業外費用は永続的な利益要素であるということがわかる。そのため，営業利益は，経常利益よりも永続利益要素の情報が少ない会計利益数値ということになるので，この分析で採用されたサンプル企業群においては，経常利益の方が価値関連性の高い会計利益情報であるといえよう。

参考文献 ◇◇

飯野利夫［1993］『財務会計論（三訂版）』同文舘出版。

大日方隆［2005］「区分損益情報とValue Relevance—日本式損益計算書における多段階利益の特性 —」『東京大学ものづくり経営研究センター，ディスカッション・ペーパー』2005-MMRC-132，9月。

斎藤静樹［2010］『企業会計とディスクロージャー（第4版）』東京大学出版会。

確認テスト

　図表6-1および，前章の図表5-3を用いて，カゴメの2期間における「3　損益計算書に基づく財務諸表分析」で説明した財務諸表分析の指標を計算しなさい。

■■ 本章のもうチョッと‼

〔損益計算に関する基本的な理解を深めるために〕

　飯野利夫［1993］『財務会計論（三訂版）』同文舘出版。

〔損益計算に関するより高度な理解のために〕

　斎藤静樹［2010］『企業会計とディスクロージャー（第4版）』東京大学出版会。

　森田哲彌［1979］『価格変動会計論』国元書房。

　エドワーズ・ベル著，伏見多美雄・藤森三男訳［1964］『意思決定と利潤計算』日本生産性本部。

〔損益計算書を用いた財務諸表分析についてより詳しく学ぶために〕

　乙政正太［2019］『財務諸表分析（第3版）』同文舘出版。

　桜井久勝［2020］『財務諸表分析（第8版）』中央経済社。

　K.G. パレプ・P.M. ヒーリー・V.L. バーナード著，斎藤静樹監訳［2001］『企業分析入門（第2版）』東京大学出版会。

　S.H. ペンマン著，杉本徳栄・井上達男・梶浦昭友訳［2005］『財務諸表分析と証券評価』白桃書房。

　S.H. ペンマン著，荒田映子・大雄智・勝尾裕子・木村晃久訳［2018］『アナリストのための財務諸表分析とバリュエーション（原書第5版）』有斐閣。

　ウィリアム・R・スコット著，太田康広・椎葉淳・西谷順平訳［2022］『新版 財務会計の理論と実証』中央経済社。

第7章

キャッシュフロー計算書

本章のズバッ！と

□利益と並んで重要な指標として，キャッシュフローがある。

□企業の実力を測ったり，存続，成長を考えたりする視点として，キャッシュ創出力の評価がある。

□もうけ（利益）があるから，それに対応するキャッシュが存在するとは限らない。

□企業の成長に向けた投資，株主への利益配分，借入金，利子などの支払いの財源はキャッシュである。

□営業活動からキャッシュを持続的に創出できない企業は，早晩経営危機，経営破綻に向かう。

□損益計算書ではわかりにくい企業の財務状況も，キャッシュフロー計算書からみえてくる。

□企業経営の成長期，混乱期，衰退期などには，利益とキャッシュフローの関係は乖離する。

□企業経営の安定期，特に優良企業は，利益とキャッシュフローに一定の関係がある。

キーワード

キャッシュフロー経営，キャッシュ創出力，支払能力，利益の質，黒字倒産

1 企業の経済活動とキャッシュの関係

　利益と並んで重要な指標として，キャッシュフローがある。企業経営は，収益獲得活動による利益稼得を目的とするだけでなく，**キャッシュベース**で行われている。企業は，企業活動を遂行するために，資金を調達し，これを運用し，その成果を資金提供者別，その割合に応じて，分配する経済組織体である。これら一連の活動はキャッシュにより行われる。企業はキャッシュの循環組織体である。

　企業は，資金を調達して設立された後，調達した資金を資産購入などに投資し，企業活動から創出される資金をその調達源泉別に利子，配当として支払い，課税当局に納税し，その結果残った資金を，企業成長のために再投資する。企業はこのような**資金循環**を繰り返す。この循環過程で期間を定め，投下資金と回収資金の差を計算したものが**キャッシュフロー**であり，さらにそこに一定のルールを当てはめて，投下資金とそこから得られた成果の差を**利益**として算定する。

　企業は期間別に経営目標，事業目標，財務目標などを決定し，これらの目標達成のための経営戦略，経営計画などを決定し，企業活動を開始する。これら企業目標を策定する基準は，**キャッシュフロー**に基づいて行われる。企業は実行に移した経営戦略，経営計画などを，一定期間の経過後，その成果によって評価する。

　企業活動は，**営業活動，投資活動，財務活動**から成り立っている。企業は営業活動，投資活動，財務活動から**キャッシュ**を創出することができるが，特に営業活動からキャッシュを創出しないかぎり，企業活動を持続させることは困難である。営業活動から創出するキャッシュが，投資活動，財務活動

を支え，企業活動を持続させるのである。

2　利益とキャッシュ

　2018年に企業会計基準第29号「収益認識に関する会計基準」が公表されて，早期適用が容認されている[1]。そこでは資産負債観に基づいた収益認識が規定されている。

　これまでの企業の財務業績評価は，発生主義を枠組みとして，実現収益から発生費用を控除して利益計算を行ってきた。利益は企業の成果を示す重要な指標である。この発生主義を基礎として算定された利益は発生の事実に基づいたもので，キャッシュベースで計算される収支の金額とは異なったものとなる。また，減価償却費の計算，棚卸資産の評価，長期請負工事の収益認識などで会計方針の選択が認められていることもあって，利益計算における**裁量可能性・選択可能性**が指摘されてきた。

　したがって，**利益**は企業会計の計算の枠組みから算定された**意見**であり，これに対して，キャッシュは**事実**として存在する。企業会計は，資産，負債と純資産のストックと，利益とキャッシュフローの２つのフローを算定し，財務諸表に表示する。利益とキャッシュフローには，関連性があるが，一致はしない。そこから，利益とキャッシュフローの乖離をもとに**利益の質**（Quality of Earnings）の分析が重要となる。

　企業の財務業績を判断する場合，報告利益とこれを基礎に算定される利益率だけに依存するのでは，誤った判断を行う可能性がある。経営者，投資者，債権者などの経済的意思決定に有用な情報を提供するには，キャッシュフロ

---

1)　これは，2021年4月1日以降に開始する会計期間から強制適用される。

ーを財務業績評価の仕組みに取り入れる必要がある（エピソード11）。

> ### 〈エピソード11〉京セラのキャッシュフロー経営
>
> 　通常，決算は経理が何日も費やしてようやくまとまる。その中での決算整理におけるさまざまな会計的な評価，判断が利益の数字に実際には大きな影響を与えるのである。たとえば棚卸資産は評価の方法によって金額が大きく変化する。しかし，現在，手元にある資金というのは，その瞬間瞬間に在り高を明瞭につかむことができる。自分で自由に使えるお金，キャッシュが，リアルタイムで把握できていなければ激変する経営環境の中で会社を経営していくことはできない。
>
> 　だから，さまざまな会計上のプロセスを通じて計算されたペーパー上の「利益」を待つのではなく，まぎれもなく存在する「キャッシュ」にもとづいて経営の舵取りを行うべきなのである。ただし現実問題として，決算上の「利益」というものも，企業活動の成果としてはきわめて重要なものであり，株主への配当金も商法上の「処分可能利益」から行うことになっているので，その意味では当然，これから目を離すわけにもいかない。
>
> 　そうであれば，この会計上の利益と手元のキャッシュとの間に介在するものをできるだけなくすことが必要となる。私の会計学は，このような観点から，会計上の利益から出発してキャッシュフローを考えるのではなく，いかにして経営そのものを「キャッシュベース」としていくのかということを，その中心に置いている。
>
> （稲盛和夫［1998］『稲盛和夫の実学―経営と会計―』日本経済新聞社, pp.53-54。）

3 キャッシュフロー計算書の目的と作成

　2000年3月以降，有価証券報告書に**連結キャッシュフロー計算書**を作成・開

示することが規定された（連結財務諸表規則第１条）。ただし，連結財務諸表を作成していない場合，**個別のキャッシュフロー計算書**が作成される（財務諸表等規則第111条）。この規定により，これまでの個別企業の事業活動と資金調達に関連した収支情報である**資金収支の状況**は作成・開示されないこととなる。

　キャッシュフロー計算書は一会計期間におけるキャッシュ・フローの状況を一定の活動区分に表示するものであり，貸借対照表及び損益計算書と同様に企業活動全体を対象とする重要な情報を提供するものである。

　キャッシュフロー計算書は，1）企業の将来の正味キャッシュフローを生み出す能力，2）債務を返済し，配当の支払いを行う能力，3）報告利益と正味キャッシュフローとの間の差異がどのような原因から生じているか，4）現金・非現金投資活動・財務活動が企業の財務状況に及ぼす影響，の４点を評価するのに役立つ。

　キャッシュフロー計算書が報告対象とする資金概念は，**キャッシュ**である。キャッシュは，**現金及び現金同等物**を指す。ここで，「１．現金とは，手許現金及び要求払預金をいう。２．現金同等物とは，容易に換金可能であり，かつ価値の変動については僅少なリスクしか負わない短期投資」（**連結キャッシュ・フロー計算書等の作成基準**（以下，基準という）二の一）である。また，要求払預金には，当座預金，普通預金，通知預金が含まれ，現金同等物には，取得日から満期日または償還日までの期間が３カ月以内の短期投資である定期預金，譲渡性預金，コマーシャル・ペーパー（CP），売戻し条件付き現先，公社債投資信託が含まれる（同基準注解１，２）。

　キャッシュフロー計算書の作成方法は，損益計算書の損益計算を前提とし，キャッシュに関連しない諸項目の集計額を加減する**間接方法**とキャッシュフ

ロー情報を記録した帳簿・勘定組織を用いて，帳簿・勘定組織から作成する**直接方法**がある（図表7-1）。

図表7-1　キャッシュフロー計算書の作成

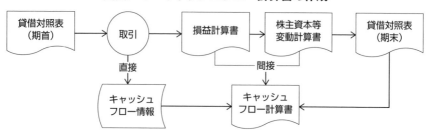

　キャッシュフロー計算書は，企業活動を，**営業活動によるキャッシュフロー（CFO）**，**投資活動によるキャッシュフロー（CFI）**，**財務活動によるキャッシュフロー（CFF）**に区分（基準二の二）し，企業の会計期間の現金キャッシュフローの原因と結果を示す。

　CFOの表示方法には，１．主要取引別のキャッシュフローの総額表示を行う直接表示法と，２．税金等調整前当期純利益から非現金損益項目などを加減する間接表示法がある（基準三の一）。CFOは，企業が主たる収益獲得活動によって，企業活動に必要なキャッシュを十分に創出しているかを示す重要な指標である。

　CFIは，企業の将来のキャッシュフローの創出，企業成長をもたらす投資行動を示す。企業が持続可能か，成長性するかをみる一つの視点はCFIにある。CFIなくして，企業は持続・成長することはあり得ない。投資活動が継続的に行われない企業は成長を止め，衰退へ向かうことになる。このCFIの累積結果は，貸借対照表の**資産構成**に具体的に表示される。

図表7-2　A株式会社　連結キャッシュフロー計算書（間接表示法）

（単位：百万円）

科目	前事業年度 自平成23年4月１日 至平成24年3月31日	当事業年度 自平成24年4月１日 至平成25年3月31日
Ⅰ　営業活動によるキャッシュ・フロー		
税金等調整前当期純利益	80,327	84,918
減価償却費等	105,259	103,871
売上債権の増加額	4,618	2,622
仕入債務の増加額	4,299	△ 11,005
その他	25,572	27,311
小　　　計	220,075	207,717
利息及び配当金の受取額	14,308	18,895
利息の支払額	△ 22,008	△ 20,808
その他	△ 33,471	△ 66,253
営業活動によるキャッシュフロー	178,904	139,551
Ⅱ　投資活動によるキャッシュフロー		
有形及び無形固定資産の取得による支出	△ 106,650	△ 79,830
有形及び無形固定資産の売却による支入	23,757	29,405
有価証券及び投資有価証券の取得による支出	△ 46,973	△ 44,326
その他	1,706	△ 4,983
投資活動によるキャッシュフロー	△ 128,160	△ 99,734
Ⅲ　財務活動によるキャッシュフロー		
短期借入金の増減額（△は減少）	△ 40,769	△ 103,193
長期借入金の借入による収入	58,281	283,366
長期借入金の返済による支出	△ 131,017	△ 117,586
社債の発行による収入		70,000
配当金の支払額	△ 22,878	△ 25,009
その他	△ 3,360	△ 1,368
財務活動によるキャッシュフロー	△ 139,743	106,210
現金及び現金同等物の増減額（△は減少）	△ 88,999	146,027
現金及び現金同等物の期首残高	118,797	45,278
現金及び現金同等物の期末残高	29,798	191,305

出所：A株式会社有価証券報告書より作成。

図表7-3　B株式会社　連結キャッシュフロー計算書（直接表示法）

（単位：千円）

科目	前事業年度 自平成23年4月1日 至平成24年3月31日	当事業年度 自平成24年4月1日 至平成25年3月31日
Ⅰ　営業活動によるキャッシュフロー		
営業収入	10,000,000	10,500,000
原材料・商品仕入支出	△ 3,500,000	△ 3,103,067
人件費支出	△ 1,564,717	△ 1,531,734
外注費支出	△ 3,276,925	△ 3,458,643
その他営業支出	△ 1,060,296	△ 1,014,963
小　　　計	598,062	1,391,593
利息及び配当金の受取額	7,304	7,292
利息の支払額	△ 294	△ 4,966
法人税等の支払額	△ 118,032	△ 47,181
営業活動によるキャッシュフロー	487,040	1,346,738
Ⅱ　投資活動によるキャッシュフロー		
有形固定資産の取得による支出	△ 103,140	△ 15,102
投資有価証券の償還による収入		30,000
その他の収入	6	12
投資活動によるキャッシュフロー	△ 103,134	14,910
Ⅲ　財務活動によるキャッシュフロー		
短期借入金による収入	90,000	100,000
配当金の支配額	△ 38,252	△ 32,055
財務活動によるキャッシュフロー	51,748	67,945
現金及び現金同等物の増減額	435,654	1,429,593
現金及び現金同等物の期首残高	2,149,871	1,750,358
現金及び現金同等物の期末残高	2,585,525	3,179,951

出所：B株式会社有価証券報告書より作成。

　CFF項目は，企業がどのように運転資金，投資活動に必要な資金を調達したのか，有利子負債等で調達した資金をどの程度返済・償還したのかを示すのと同時に，企業への資本提供者による将来のキャッシュフローに対する請求権を予測する上で重要な指標である。資金調達の累積結果は，資本構成として，貸借対照表に表示される。

　CFOには，営業損益計算の対象となった取引，投資活動および財務活動以外の取引等によるキャッシュフローが記載される（基準二の二の1）。CFIには，固定資産の取得，売却，現金同等物に含まれない短期投資の取得，売却等によるキャッシュフローが記載される（基準二の二の1）。CFFには，資金調達と返済等に関連するキャッシュフローが記載される（基準二の二の1）。法人税等に関するキャッシュフローはCFOに含まれる（基準二の二の2）。

　利息および配当金に関するキャッシュフローは，継続適用を条件として，次のいずれかの方法により記載される。第1法は，**損益の算定に含まれる受取利息**，受取配当金および支払利息をCFOに，**損益の算定に含まれない支払配当金**をCFFに記載する方法である。第2法は，**投資活動の成果**である受取利息および受取配当金はCFIに，**財務活動上のコスト**である支払利息および支払配当金は，CFFに記載する方法である（基準二の二の3）。

4 キャッシュフロー計算書の指標の見方

　CFO，CFI，CFFの相互関係は，企業活動によるキャッシュフローの状況，パターンを明らかにする（図表7-4）。企業の状況を，草創期，成長期，成熟期，不況（衰退）期に分けて捉えると，それぞれの時期でキャッシュフロー創出のパターンは相違する。草創期には，CFOの創出が困難な場合がある。成長期には，投資活動が活発に行われることから，CFIのマイナスが拡大し，成熟期にはキャッシュに余裕が生じている場合が多いことから，有利子負債の返済などCFFがマイナスとなる。ちなみに，不況期には，CFOがマイナスとなって，CFOのマイナスを埋めるために企業の資産の売却などが行われてCFIがプラスとなるケースがある。さらに，CFO，CFIおよびCFFの金額の大小関係からも，企業のキャッシュ創出の関係，企業の財政状況をみることができる。ただし，このパターン関係は企業の経営戦略，財務戦略にも左右される。

図表7-4　キャッシュフローの基本パターン

	CFO	CFI	CFF
第1	＋	＋	＋
第2	＋	－	－
第3	＋	＋	－
第4	＋	＋	＋
第5	－	＋	＋
第6	－	－	＋
第7	－	＋	－
第8	－	－	－

　キャッシュフロー計算書を用いた分析指標は，企業の財務状況を把握する重要である。3つの視点，1）流動性と支払能力（債務返済能力），2）資本支出と投資力，3）キャッシュフロー効率は，企業の財務業績を判断する上で有用な情報を提供する。

　流動性は企業の短期支払債務をその支払期日に支払うことができる企業の能力，支払能力は債務返済などのために支払手段を調達する能力を示す。しかし，債務の返済の原資は流動資産などではなく，キャッシュの存在，キャッシュの創出力である。これまで，企業の流動性，支払能力を測定する指標は，流動比率，当座（酸性）比率，インタレスト・カバレッジ・レシオなどが主張されていたが，営業債務などの支払い，有利子負債の返済は，キャッシュ創出力を基礎として評価される。

　流動性および支払能力はCFOを基礎にして評価され，CFOと短期・長期の有利子負債額，CFOと利息支払額などの割合で算定される（7-1式から7-3式）。債務の返済を有利子負債で返済する方法がとられることがあるが，この方法を持続することは困難である。

$$\frac{CFO}{流動負債} \cdots (7\text{-}1) \quad \frac{CFO}{固定負債} \cdots (7\text{-}2) \quad \frac{CFO}{[短期・長期]有利子負債} \cdots (7\text{-}3)$$

キャッシュを多くもつことは流動性を高めるが，一方で，キャッシュそれ自体は収益を生まないことから収益性は低下する。キャッシュと流動性は，トレードオフの関係にある。しかし，企業が保有しているキャッシュの構成は定期預金などがほとんどであり，それらは利子を生み出す。したがって，キャッシュは支払手段であると同時に短期投資，投資準備の財源とも考えられる。

　企業活動には**経済的資源**が投下されていることから，企業活動が効率的にキャッシュを創出しているか判断しなければならない。企業活動の成果として測定される売上高とCFOの関係（7-4式），CFOと投下された経済的資源の総額を示す総資産の関係から，キャッシュ創出力の効率性（7-5式）が判断される。

$$\frac{CFO}{売上高} \cdots (7\text{-}4) \quad \frac{CFO}{総資産} \cdots (7\text{-}5)$$

　企業活動を持続させていくためには，企業の債務の支払いとともに，既存の資産規模を維持し，成長のために投資活動を行うことが必要である。このために必要なキャッシュを企業がどのように調達しているかは，CFOとCFIの関係に現れる。CFOで，投資支出をまかなう程度をみることができる（7-6式）。設備投資などのCFIをまかなう資金は，資本市場などから調達することが可能であるが（7-7式），永続的には困難である。投資活動が効果的に行われたかどうかは，CFIとCFOの関係から分析する。

$$\frac{CFO}{CFI} \cdots (7\text{-}6) \quad \frac{CFI}{CFO+CFF} \cdots (7\text{-}7)$$

CFOが企業成長に必要なCFIをまかなっているならば，企業は自由に裁量可能なフリー・キャッシュフロー（FCF）を生んでいることになる。このFCFは，1）有利子負債の返済，償還に当てることで有利子負債を削減させ，2）有利子負債による資金調達を減少させ，3）資金の源泉として有利子負債の調達を必要としない状況を生み出すことにつながる。有利子負債の削減は，支払利息などのキャッシュ支出を減少させる（図表7-5）。さらに，短期的・長期的に，株式，社債など金融資産の購入などに運用に用いることもできる。

図表7-5　N社の連結キャッシュフローの関係

（単位:百万円）

回次	第58期	第59期	第60期	第61期	第62期	第63期	第64期	第65期
決算年月	平成18年3月	平成19年3月	平成20年3月	平成21年3月	平成22年3月	平成23年3月	平成24年3月	平成25年3月
CFO	26,635	26,974	25,875	30,010	40,777	29,258	32,604	32,045
CFI	△ 20,068	△ 4,470	△ 16,600	△ 31,829	△ 2,339	△ 33,440	△ 12,831	△ 31,251
CFF	△ 12,940	△ 7,421	△ 6,827	△ 1,865	△ 38,109	△ 4,710	△ 9,442	△ 10,070

出所：N株式会社有価証券報告書より作成。

5 利益指標とキャッシュフローの視点

収益・費用の差額として算定される報告利益は，会計基準，会計方針などを変更・選択することにより操作することが可能である。これは利益を基準とする企業の財務業績，その時系列比較，企業間比較などにおいて問題を生じさせる。これは**利益の質，利益管理**（Earnings Management）として，現在の企業会計の枠組みがもたらす課題である。

$$\frac{\text{CFO}}{\text{営業利益}} \cdots\cdots (7\text{-}8)$$

企業の財務業績は，財務諸表に基づき収益性，流動性などから評価されて

きたが，企業の利益とキャッシュフローを比較分析することで，これまで認識できなかった企業の財務状況が判明する。たとえば，損益計算書に利益を計上しているが，経営破綻前の数年間，負のCFOを計上する場合である。一般に，**勘定（利益）あって銭（キャッシュ）足らず，黒字倒産**と呼称される状況である。

　図表7-6は，S社の財務情報の抜粋である。S社は不動産販売を生業としている。第8期から第15期の間，売上高は順調に推移し，営業利益を計上してきた。しかし，第15期に経常損失，当期純損失を計上する。同社は，第16

図表7-6　S社の収益，利益とCFOの関係

（単位：千円）

	8期	9期	10期	11期	12期	13期	14期	15期
売上高	8,673,385	13,698,784	16,535,151	21,541,869	27,296,292	38,553,197	44,031,025	41,805,887
営業損益	329,589	520,732	640,176	808,768	1,177,590	2,068,403	2,693,321	100,867
経常損益	348,486	394,510	451,267	647,899	1,014,153	1,654,908	2,332,025	△ 596,548
当期純損益	200,295	222,679	253,768	372,683	584,044	989,989	1,333,182	△ 582,867
CFO	△ 1,012,352	△ 674,482	236,996	△ 3,726,398	△ 6,025,927	△ 3,783,229	△ 5,862,295	△ 7,548,342
CFI	△ 197,786	△ 130,064	△ 187,634	△ 56,833	△ 460,059	△ 272,142	△ 590,629	△ 2,388,127
CFF	1,376,808	1,133,224	84,322	3,648,668	6,983,014	616,118	5,621,982	8,803,932

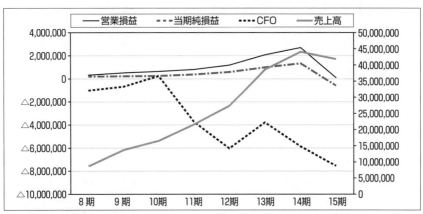

出所：S株式会社有価証券報告書より作成。

期の2008年8月に民事再生法を申請した。**黒字倒産**である。キャッシュフロー計算書は，同社がCFOを創出していないことを示している。CFOを創出していないために，CFFからキャッシュを創出し，CFIなどに充当している（図表7-6）。ただし，不動産販売社会は，販売用不動産，つまり棚卸資産を多く抱えるとCFOがマイナスとなる傾向がある。

さらに，CFFの項目をみると，配当の支払い，短期・長期借入金の返済，社債の償還の財源を短期・長期借入金，社債などの支出が行われているが，この支出をまかなうために「借換」が行われていた（図表7-7）。借換は，金利差を利用して有利子負債の利子支払いを軽減するために行われることがある。企業活動の持続には，CFOを継続的に創出することが必要となる。結果的に，Ｓ社は経営破綻に至っている。

図表7-7　Ｓ社の連結・財務活動キャッシュフロー

（単位：千円）

		11期	12期	13期	14期	15期
Ⅲ	財務活動によるキャッシュフロー					
	短期借入金の収入	14,315,960	13,671,900	13,975,600	12,280,200	26,040,400
	短期借入金の返済による支出	△ 13,542,282	△ 12,054,300	△ 15,251,134	△ 11,427,100	△ 20,720,300
	長期借入金の借入による収入	5,856,900	11,901,500	18,039,600	19,073,100	20,289,100
	長期借入金の返済による支出	△ 3,131,269	△ 7,826,930	△ 14,527,126	△ 15,460,429	△ 15,619,888
	社債の発行による収入	200,000	400,000	△ 383,000	2,000,000	600,000
	社債の償還による支出		△ 100,000	1,440,000	△ 746,000	△ 1,386,000
	株式の発行による収入		1,067,040	2,988,160	151,560	6,240
	配当金の支払額	△ 50,640	△ 76,195	△ 120,980	△ 249,347	△ 405,619
	財務活動によるキャッシュフロー	3,648,668	6,983,014	6,161,120	5,621,984	8,803,933
Ⅳ	現金及び現金同等物に係る換算差額					
Ⅴ	現金及び現金同等物の増減額	△ 134,563	497,027	2,105,745	△ 830,942	△ 1,132,537
Ⅵ	現金及び現金同等物の期首残高	710,541	575,977	1,073,005	3,178,750	2,347,808
Ⅶ	現金及び現金同等物の期末残高	575,977	1,073,005	3,178,750	2,347,808	1,215,271

出所：Ｓ株式会社有価証券報告書より作成。

　企業の経営状況は営業活動，投資活動，財務活動からのキャッシュフローの視点とその相互関係から判断されなければならない。草創期を別にして，企業活動からCFOを創出しなければ，企業活動を継続することは困難である。CFFからのキャッシュ創出を永続させることは困難である。CFOがCFIを充足させるならば，余裕資金としてのFCFが生まれ，この余裕資金によって有利子負債の返済原資，金融資産への投資が可能となり，外部資金調達に依存しない財務体質が作り上げられる。CFO，CFIとCFFの相互関係は，企業経営，企業の財務状況を示し，企業の財務業績を示す。企業活動はキャッシュ循環を繰り返す。企業活動の詳細をみるには，キャッシュフローに基礎を置くことが求められる。

参考文献 ◇◇

Heath, C. Loyd［1978］Financial Reporting and the Evaluation of Solvency, AICPA（鎌田信夫・藤田幸男共訳［1982］『財務報告と支払能力の評価』国元書房。）

石川純治［2001］『複式簿記のサイエンス』税務経理協会。

一ノ宮士郎［2008］『QOE［利益の質］分析』中央経済社。

稲盛和夫［1998］『実学・経営と会計』日本経済新聞社。

鎌田信夫［1995］『資金会計の理論と制度の研究』白桃書房。

鎌田信夫・斎藤孝一共著［1997］『現金収支分析の新技法』中央経済社。

櫻井通晴・佐藤倫正編著［1999］『キャッシュフロー ―経営と会計―』中央経済社。

佐藤倫正［1993］『資金会計論』白桃書房。

染谷恭次郎［2000］『キャッシュ・フローの会計と管理』税務経理協会。

確認テスト

① キャッシュフロー計算書が必要とされる理由を述べなさい。

② 利益とキャッシュフローが乖離する要因を説明しなさい。

③ 企業の財務業績を判断する場合に注意しなればならない事柄とは何か説明しなさい。

発展テスト

① 黒字倒産の可能性がある企業を検討しなさい。

② キャッシュフロー基本パターン（金額を含め）を企業に当てはめなさい。

本章のもうチョッと!!

石島博［2008］『バリュエーション・マップ』東洋経済新報社。

伊丹敬之・青木康晴［2016］『現場が動き出す会計』日本経済新聞出版社。

太田三郎［2004］『企業の倒産と再生』同文舘出版。

山根節・太田康広・村上裕太郎［2016］『ビジネス・アカウンティング（第3版）』
　中央経済社。

第8章

資産の会計

本章のズバッ！と

☐ 資産は，会社が将来，現金を獲得するための利益を得ることを目的として，事業活動に利用するために支配している経済的資源である。

☐ 金融資産は，原則として，契約上の権利を生じさせる契約締結時に認識する。ただし，商品等の売買または役務提供の対価に係る金銭債権は，一般に商品等の受け渡しまたは役務提供完了時に認識する。

☐ 金銭債権は，決算日に，原則として取得価額から貸倒引当金を控除した金額により評価する。

☐ 市場価格のある有価証券は原則，決算日に，原則として時価によって評価し，市場価格のないものは債券の貸借対照表価額または取得原価によって評価する。

☐ 棚卸資産は，決算日に，低価法により評価する。

☐ 棚卸資産の金額を把握することによって，次期に繰り越される繰越商品の金額だけでなく，期中に販売された売上原価の計算も行われる。

☐ 有形固定資産，無形固定資産および繰延資産は，決算日に，原則として一定の方法により計算した（減価）償却費（累計額）を控除して評価する。

☐ 有形固定資産および無形固定資産では，資産の収益性の低下により投資額の回収が見込めなくなった場合に，一定の条件の下で回収可能性を反映させるように帳簿価額を減額する減損処理が行われる。

キーワード

1年基準，営業循環基準，減価償却，減損処理，時価，取得原価

1 資産の意味

　資産は，会社が調達した資金を，経営者が事業活動にどのように運用しているかを具体的に示したものである。

　資産とは，『広辞苑（第6版）』によると，「①現に人や団体が保有する土地・建物・金銭・債券・株式などの積極財産。②企業会計で過去の取引の結果としてその企業が支配している経済的資源。リース資産などを含む点で法的財産よりも広義。」となっている。ここでは，②と考えるのが妥当であろう。企業会計基準委員会（ASBJ）の討議資料「財務会計の概念フレームワーク」では，「資産とは，過去の取引または事象の結果として，報告主体が支配している経済的資源をいう。」（ASBJ［2006］第3章4）と定義されている。これは，上記の②に相当する。支配というのは，所有権の有無にかかわらず，企業が利用して，そこから生まれる便益を享受できる状態にあることをいう。すなわち，**資産**は，会社が将来，現金を獲得するための利益を得ることを目的として，事業活動に利用するために支配している経済的資源である。

　資産を貸借対照表の構造からみると，借方にあり，企業に投下された資金の**貸借対照表日**すなわち決算日における**運用形態**を表す。企業の財政状態を表す構成要素は，資産，負債，純資産であり，以下のような**貸借対照表等式**が成り立つ。

**　　　資産＝負債＋純資産**

　貸方は企業に投下された資金の**調達源泉**を表し，他人を源泉とするものと自己を源泉とするものとを含め，投下された資金の総額と資産の総額とは一致し，決算日現在において現金・預金・商品・建物・売掛金・貸付金といっ

た**財貨**や**権利**のように投下された資金がどのように運用されているのかを示す。

2 資産の分類

資産の分類方法には，さまざまなものがある。

　形態別では，資産は，**現金預金**のほか，目にみえる**実物財**と，目にみえない**権利等**に分類される。**現金預金**には，手許現金や普通預金，当座預金などがある。**実物財**には，商品・製品，建物，備品，土地などがある。**権利等**には，代金を受け取る権利である売掛金や受取手形，株券等の有価証券，および特許権などがある。

　投下資本の回収の視点では，資産は，**貨幣性資産**と**非貨幣性資産**に分類される。**貨幣性資産**は，基本的に投下資本の回収が終わった状態のもので，次の投資あるいは支払手段として使うことができるものである。具体的には，現金預金，受取手形，売掛金などがある。**非貨幣性資産**は，貨幣性資産以外の資産である。すなわち，いまだ投下資本が回収されていない状態のものである。

　その他，資産を，貨幣性資産と**費用性資産**に分類することもできる。**費用性資産**は，非貨幣性資産と同様に，投下資本が回収されていない状態の資産であり，かつこれから資産の原価が期間に配分されて費用化されるものである。具体的には，商品・製品，建物，備品などがある。

　資産の種類およびどのように報告されているのかを要約すると，図表8-1のようになる（西山［2007］p.52）。

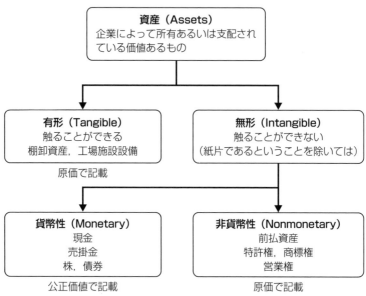

図表8-1　資産の種類

資産（Assets）
企業によって所有あるいは支配されている価値あるもの

有形（Tangible）
触ることができる
棚卸資産，工場施設設備

原価で記載

無形（Intangible）
触ることができない
（紙片であるということを除いては）

貨幣性（Monetary）
現金
売掛金
株，債券

公正価値で記載

非貨幣性（Nonmonetary）
前払資産
特許権，商標権
営業権

原価で記載

3 資産の流動性分類

　資産の分類方法には，前記分類のほかに，流動性が高いか低いかによる**流動性分類**がある。**流動性**が高いか低いかは，会社の事業活動の流れの中で，当該資産が現金化されるまでの時間が短いか長いかによって判断される。資産が流動と固定に分類して表示されるのは，負債が同様に分類され，会社の**債務弁済能力**を判断するという情報利用者の情報要求に応えるためである。

　流動性の判断基準は，**営業循環基準**と**1年基準**（ワン・イヤー・ルール）の2つによって行われる。最初に営業循環基準により**流動資産**と**固定資産**の分類が行われて，固定資産に分類されたものに対して，**1年基準**が適用される。**営業循環基準**は，会社が調達した資金の循環に着目して，流動資産と固定資

産との分類を行う考え方である。会社の事業活動に投下された資金は，販売目的の商品や製造目的の原材料の購入に使用され，原材料は製造過程を経て製品として完成する。その後，商品および製品は販売されることによって売掛金および受取手形といった売上債権となり，売上債権はいずれ現金として回収される。このような事業活動の一連の流れが**営業循環**である（図表8-2）。

図表8-2　営業循環

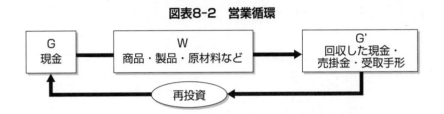

営業循環基準では，事業活動の一連の流れである営業循環過程の中にある資産を**営業循環資産**と呼んで，**流動資産**に分類する。**営業循環資産**には，具体的に，現金預金，受取手形，売掛金，商品・製品，原材料などがある。

営業循環過程の中に入らない資産は，**非営業循環資産**といい，**固定資産**に分類される。固定資産に分類される非営業循環資産には，**1年基準**が適用される。**1年基準**は，1年以内に現金化されるか否かに着目して，流動資産と固定資産との分類を行う考え方である。**非営業循環資産**には，営業循環資産としての現金を長期的に運用するために投資された定期預金，有価証券，貸付金などの**金融資産**や，長期的に事業活動に使用することを目的として保有している**固定資産**などがある。

4 流動資産

流動資産は，会社にとって支払手段として短期的に利用可能な資産である。ところが，流動資産の中には，即座に支払手段として利用することのできな

い資産も含まれている。具体的には，販売目的や短期的に事業に使用する目的などで所有されている商品・製品，原材料といった**棚卸資産**などがある。

ここから流動資産は，**当座資産**と当座資産以外に分類されることになる。**当座資産**は，流動資産から棚卸資産などを除いた資産である。これらは，会社が換金に手間取ることなく，即座に支払手段として利用可能な資産をいう。当座資産の分類と具体例を示すと，図表8-3のとおりである。

図表8-3　当座資産の分類

営業 循環資産	流動資産	当座資産	現金 受取手形 貸付金 （非営業循環資産）	当座預金 売掛金 貸付金	普通預金 有価証券など
		当座資産 以外	棚卸資産など		
非営業 循環資産			1年以内に現金化される予定の固定資産		

5 金融資産

(1) 意味と分類

金融資産とは，**現金預金**，受取手形，売掛金および貸付金等の**金銭債権**，株式その他の出資証券および公社債等の**有価証券**，ならびに先物取引，先渡取引，オプション取引，スワップ取引およびこれらに類似する取引（「**デリバティブ取引**」）により生じる正味の債権等をいう。金融資産は，図表8-3をみるかぎり**当座資産**に一致するが，営業循環基準および1年基準のもと，固定資産に分類される金融資産も存在する点に注意が必要である。

金融資産は，原則として，金融資産の契約上の権利を生じさせる**契約締結時**に認識する。金融資産を契約締結時に認識するのは，契約締結時点から時

価変動リスクや相手方の財政状態等に基づく信用リスクが移転すると考えられるためである。ただし，商品等の売買または役務提供の対価に係る**金銭債権**は，一般に商品等の受け渡しまたは役務提供完了時に認識する。

(2) 金銭債権

商品等の売買または役務提供といった企業の主たる取引から生じる債権である**受取手形**や**売掛金**，ならびに金銭を貸し付けたときの**貸付金**等は，**金銭債権**という。金銭債権は，決算日に**取得価額**から**貸倒見積高**に基づいて算定された**貸倒引当金**を控除した金額により評価される。ただし，債権を債権金額より低い価額または高い価額で取得した場合において，取得価額と債権金額との差額の性格が金利の調整と認められるときは，**償却原価法**に基づいて算定された価額から貸倒見積高に基づいて算定された貸倒引当金を控除した金額で評価する。

☞**チェック事項**

　償却原価法とは，金融資産または金融負債を債権額または債務額と異なる金額で計上した場合において，当該差額に相当する金額を弁済期または償還期に至るまで毎期一定の方法で取得価額に加減する方法である。この場合，当該加減額を受取利息または支払利息に含めて処理する（「金融商品に関する会計基準」注解５）。

---

(3) 有価証券
①意味と分類

有価証券とは，私法上の財産権を表象する証券で，その権利の移転が証券によってなされるものをいう。これには，手形，小切手，貨物引換証，商品券，株券，債券などが含まれる。**会計上の有価証券**は，私法上の有価証券よりも範囲が狭く，基本的に，**株券**，**債券**およびその他から構成される。

株券とは，株式会社の株主権を表示する有価証券である。債券とは，国，地方公共団体，株式会社などが一般から必要な資金を借り入れることを目的として発行する有価証券である。これは，発行者別に国が発行した債券は国債（証券），地方公共団体が発行した債券は地方債（証券），株式会社が発行した債券は社債（券）に分類される。その他，有価証券には，新株予約権，証券投資信託や貸付信託の受益証券などがある。

　会社は営業循環の中で得た現金を，営業活動に再投資するが，それ以外に，次のような目的のために有価証券にも投資する。有価証券を取得した側は，有価証券をその目的別に次のように処理する。

1) 時価の変動により利益（キャピタル・ゲイン）を得る目的：売買目的有価証券
2) 満期まで保有することによって，その間の約定利息および満期時に元本を受け取る目的：満期保有目的債券
3) 他企業の人事，資金，技術，取引などの関係を通じて，営業方針や財務方針を支配する目的：子会社株式および関連会社株式
4) その他，取引関係を維持して，合併や系列化あるいは外部からの乗っ取りを予防する目的など：その他有価証券

②認識と測定

　有価証券には，市場価格のあるものと市場価格のないものがある。市場価格とは，市場において形成されている取引価格，気配または指標その他の相場のことである。市場価格のある有価証券は原則，時価によって評価し，市場価格のないものは債券の貸借対照表価額または取得原価によって評価する。市場価格のある有価証券は，所有目的別に分類されて，以下のように評価される。

　売買目的有価証券は，時価で評価する。時価で評価することによって生ずる差額は，当期の損益として処理する。満期保有目的債券は，取得原価で評

価するが，債券を債券金額よりも低い価額または高い価額で取得した場合で，その差額の性格が金利の調整と認められるときには，**償却原価法**に基づいて算定された価額で評価する。**子会社株式および関連会社株式**は，取得原価で評価する。**その他有価証券**は，時価で評価する。時価で評価することによって生ずる差額は，次のいずれかの方法によって処理する。

1) 評価差額の合計額を純資産の部の「評価・換算差額等」に計上（**全部純資産直入法**）。

2) 時価が取得原価を上回る銘柄に係る評価差額を純資産の部の「評価・換算差額等」に計上して，時価が取得原価を下回る銘柄に係る評価差額を「当期の損失」として処理（**部分純資産直入法**）。

図表8-4　市場価格のある有価証券の評価方法

保有目的別分類	貸借対照表価額	評価差額の処理
売買目的有価証券	時価	当期の損益
満期保有目的の債券	取得原価または償却原価	——
子会社株式および関連会社株式	取得原価	——
その他有価証券	時価	全部純資産直入法・部分純資産直入法

③表示

流動資産に区分される有価証券は，**売買目的有価証券**または**1年以内に満期の到来する社債その他の債券**として表示される。固定資産に区分される有価証券も，所有目的に応じて，**満期保有目的債券**，**子会社株式**，**関連会社株式**またはその**他有価証券**として，あるいはまとめて**投資有価証券**として表示される。

図表8-5　有価証券の保有目的別分類と流動性分類

保有目的別分類		1年基準による判定	表示科目	
①時価の変動により利益を得る目的	売買目的有価証券	流動資産	売買目的有価証券　有価証券	
②満期まで保有して，約定利息と元本を受け取る目的	満期保有目的の債券		1年以内に満期の到来する社債その他の債券	
		固定資産	満期保有目的債券	投資有価証券
③他企業の人事，資金，技術，取引などの関係を通じて，営業方針や財務方針を支配する目的	子会社株式および関連会社株式		子会社株式・関連会社株式	
④その他，たとえば取引関係を維持して，合併や系列化あるいは外部からの乗っ取りを予防する目的	その他有価証券		その他有価証券	

6　棚卸資産

(1) 意味と分類

　棚卸資産は，販売目的や短期的に事業に使用する目的などで所有されていて，期末に在庫として残っているものをいう。棚卸資産は，その性質別に分

図表8-6　棚卸資産の分類

性質	具体例	
通常の営業過程において販売するために保有する財貨または用役	製品	商品
販売を目的として現に製造中の財貨または用役	仕掛品	半製品
販売目的の財貨または用役を生産するために短期間に消費されるべき財貨	原材料	工場消耗品
販売活動および一般管理活動において短期間に消費されるべき財貨	事務用消耗品	荷造用品

類して説明される。棚卸資産の分類と具体例を示すと，図表8-6のとおりである。

　一般事業会社が所有する土地や建物あるいは車両は固定資産であるが，不動産販売業の会社が販売目的で保有する土地や建物あるいは自動車販売業の会社が販売目的で保有する車両は，棚卸資産（商品）に分類される。

(2) 認識と測定

　商品販売業などを行っている会社は，期末を迎えたときに，**実地棚卸**を行って商品の実際有り高（在庫）を確認する。棚卸しは，期末時点において会社に残っている商品の数量を明らかにするためにも重要であるが，期中に払い出された商品の数量を計算するためにも必要である。棚卸数量の計算方法には，①**継続記録法**と②**棚卸計算法**がある。

①継続記録法

　継続記録法は，商品を受け払いするたびに，商品有高帳，材料元帳などに記録する方法である。この方法は，一定の帳簿に継続的に商品の受け入れた数量および払い出した数量が記録されていることから，常に商品の有り高を確かめることができる。ただし，この方法による帳簿の残高が，実際の商品の有り高と常に一致する保証はない。受け入れや払い出し時における記録の間違いがあったり，紛失や盗難が発生したり，揮発性の在庫の場合に蒸発が起これば，記録上の在庫数量と実際の在庫数量に違いが生じる。

　棚卸資産を継続記録法で計算する場合，実際の在庫数量を確認するために，**実地棚卸**は不可欠である。記録上の在庫数量と実際の在庫数量との差は，**棚卸減耗**と呼ばれ，それに単価を掛けることによって**棚卸減耗費**または**棚卸減耗損**として処理する。

②棚卸計算法

棚卸計算法は，次の式によって商品の払出数量を計算する。

当期払出数量＝期首数量＋当期受入数量－期末在庫数量

この方法では，期中における払い出しの記録が行われないので，実務上は簡便である。一方で，期中に紛失，盗難，目減りなどが生じた場合に，それらを把握できないという短所もある。

棚卸資産は，数量だけでなく，金額を把握することも必要である。棚卸資産の金額を把握することによって，次期に繰り越される商品などの金額（**繰越商品**）が明らかになるのは当然であるが，期中に払い出された商品などの金額（**売上原価**）が計算されるからである。これらの金額は，期末に残っている数量と期中に払い出された数量に，取得原価を割り当てて計算される。商品等の受け入れた資産の取得原価を，期末に棚卸資産として残っている部分と，当期に販売・費消された部分とに配分することを**原価配分**という（図表8-7）。

図表8-7　棚卸資産の原価配分

棚卸資産の**原価配分の方法**には，①個別法，②先入先出法，③総平均法，④移動平均法などがある。これらは，モノの流れとコスト（原価）の流れから理解できる。

①個別法

　個別法は，販売される商品とその原価とを個々に対応させて，原価を把握する方法である。この方法では，貴金属など高額商品の場合に，払い出し単価および棚卸資産の単価が実際のモノの流れと一致して明確に把握できる。

②先入先出法（First-in First-out：FIFO）

　先入先出法は，先に仕入れたものから，先に販売されると考えて，原価配分を行う方法である。大量生産される比較的廉価な商品の場合，商品が店頭で汚れたりしないように，先に仕入れたものから先に販売するように工夫されている。この場合，先に仕入れた商品が先に販売されることから，先に仕入れたモノの原価が払い出し単価となり，後に仕入れた商品の原価が棚卸資産の単価となる。

③総平均法

　総平均法は，一定の期間ごとに受け入れた商品の単価を平均して平均単価を計算して，それに基づいて原価配分を行う方法である。ガソリンや軽油のように流動体の場合，先に仕入れたものと後に仕入れたものとが混合して，明確に原価を把握することができなくなるものがある。この場合，**会計期間**といった一定の期間を区切って，平均受け入れ単価を計算して，それが払出単価および棚卸資産の単価となる。

④移動平均法

　移動平均法は，商品を仕入れるたびに，その時点での在庫の合計金額から平均単価を計算して，その金額が次に販売・費消されたときの単価として原価配分を行う方法である。期末には，最後に仕入れた時点で計算された単価によって，棚卸資産の金額が計算される。

(3) 貸借対照表日の再評価—低価法

　棚卸資産の期末評価は，原価配分の方法に従って計算された原価に数量を掛けて計算される。これは，**原価法**と呼ばれる。これに対して，収益性の低下を原因として，棚卸資産の原価よりも時価が下落している場合には，棚卸資産は**時価**で評価される。このような棚卸資産の評価基準が**低価法**である。

　ここで時価とは，**公正な評価額**のことで，市場価格に基づく価格をいう。通常の販売目的で保有する棚卸資産の場合の時価は，**正味売却価額**である。**正味売却価額**は，当該商品を通常の営業過程において売却したときに得ると予想される金額から，売却にかかると予想される諸費用を差し引いて計算する。

　正味売却価額を把握することが困難な場合には，**再調達原価**などの合理的に算定された価額を時価として用いることができる。**再調達原価**は，再度同一商品を購入する場合の時価に，購入に付随する費用を加算して計算する。

　低価法は，あくまで原価よりも時価が下落している場合に評価損を計上す

図表8-8　低価法の適用

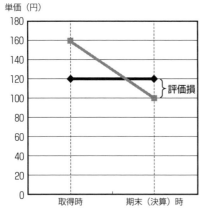

	取得時	期末 （決算）時
原価	120	120
時価（正味 売却価額）	160	100

るものである。原価よりも時価が上回っている場合に，評価益は計上されない（図表8-8）。

　棚卸資産の期末評価は，次のような順序で行われる（図表8-9）。

①**数量計算**：実地棚卸を行って，実際の在庫数量と記録上の在庫数量との違いを明らかにする。

②**時価の把握**：実地棚卸の結果，実際に残っている棚卸資産について，収益性の低下による時価の下落と，品質の低下による時価の下落を明らかにする。

③**棚卸減耗費の計算**：実際の在庫数量と記録上の在庫数量に仕入単価を掛けて，棚卸減耗費を計算する。

④**収益性の低下による評価損の計算**：収益性の低下が生じている部分について，時価の下落分を商品評価損として計算する。

⑤**品質の低下による評価損の計算**：品質の低下が生じている部分について，時価の下落分を品質低下損として計算する。

図表8-9　棚卸資産の期末評価

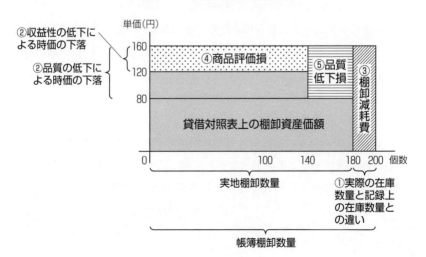

〈エピソード12〉在庫の評価方法「後入れ先出し法」，会計国際化の波に消える，資産価値が時価映さず

　棚卸資産（在庫）の評価方法である「後入れ先出し法」が2011年3月期から廃止される見通しになった。石油，化学，非鉄など約五十社の採用企業は変更を余儀なくされる。新ルールは日本の会計基準と国際会計基準の差異を縮小するのが狙いだが，なぜ後入れ先出し法は認められないのだろうか。

　「後入れ先出し法は最も実態に近い決算ができる。なぜいま廃止なのか」。今年初め，出光興産の松井憲一常務は企業会計基準委員会の専門委員会で訴えた。

　原油価格の上昇が続く中，一部の石油元売り会社は「在庫評価益」と呼ぶ利益で業績がかさ上げされている。新日本石油では08年3月期に1,679億円の在庫評価益が発生した。新日石などは在庫の評価方法で，期首在庫と当期仕入れを加重平均する「総平均法」を採用。期首の安値在庫が売上原価を引き下げ，在庫評価益の要因になる。

　これに対して，後入れ先出し法を採用する出光興産，東燃ゼネラル石油では在庫評価益の影響は原則軽微になる。この方法は，直近に仕入れた在庫から先に出荷したとみなすため，売上原価が時価に近くなるためだ。

　後入れ先出し法は損益計算では，価格変動の影響を排除できる利点がある。半面，致命的な問題も抱える。過去に仕入れた在庫が計算上いつまでも残る形になるので，期末の資産価値が時価を全く反映せず，貸借対照表が実態を表さなくなることだ。

　こうした理由から，国際会計基準は後入れ先出し法を認めていない。日本は国際会計基準との共通化を進めており，後入れ先出し法を廃止し，国際基準と足並みをそろえる方針を打ち出した。（後略）

（日本経済新聞，2008年5月21日朝刊）

エピソード12にあるように，会計基準が変われば企業の採用する会計処理
方法も変わることがある。採用する会計処理方法によって，貸借対照表の数
値も損益計算書の数値も大きく異なることに注意する必要がある。

7 固定資産

(1) 意味と分類

固定資産は，長期的に事業のために用いられる資産である。これは，有形
固定資産，無形固定資産および投資その他の資産の 3 つに分類される。固定資
産の分類と具体例を示すと，図表8-10のとおりである。

図表8-10　固定資産の分類

	流動資産		1 年以内に現金化される予定の固定資産		
非営業循環資産	固定資産 有形固定資産	償却資産	建物　　　　　　　　　　構築物　　　　　機械装置 車両運搬具　　　　　工具器具備品など		
		非償却資産	土地など		
	無形固定資産	法律上の権利	特許権　　　　　　　　　地上権　　　　　商標権 著作権など		
		経済的優位性	のれんなど		
	投資その他の資産	投資資産	満期保有目的債券　　子会社株式　　関連会社株式 その他有価証券　　　　長期貸付金　　投資不動産など		
		その他	長期前払費用など		

①有形固定資産

有形固定資産とは，長期的に事業のために用いられる資産の中で，物理的
形態のある資産である。これは，建物，構築物，機械装置，車両運搬具，工
具器具備品などの償却資産と土地などの非償却資産とから構成される。

償却資産とは，使用に伴って価値が減少すると考えられることから，減価
償却することが認められている資産である。非償却資産とは，使用に伴って

価値が減少しないと考えられることから，減価償却することが認められていない資産である。

②無形固定資産

無形固定資産とは，長期的に事業のために用いられる資産の中で，物理的形態のない資産である。これは，特許権，地上権，商標権，著作権などのある種の技術等を独占的ないしは排他的に使用する**法律上の権利**を表すものと，のれんなどの**経済的な優位性**から収益の稼得に貢献すると期待される無形の要素から構成される。

③投資その他の資産

投資その他の資産とは，他の会社の支配・統制，利殖などを目的として長期的に保有する**満期保有目的債券**，**子会社および関連会社株式**，**その他有価証券**，**長期貸付金，投資不動産**といった投資資産とその他の資産から構成される。

(2) 有形固定資産
①認識と測定

有形固定資産は，それを取得した時点で，取得原価をもって，貸借対照表に認識する。有形固定資産の取得原価の計算方法は，その取得方法によって異なってくる。

1) **購入による取得**：取得原価は，購入代価に買入手数料，運送費，荷役費，据付費，試運転費等の**付随費用**を加えた額とする。
2) **自家建設による取得**：取得原価は，適正な原価計算基準に従って**製造原価**を計算して算定する。建設に要する借入資本の利子で稼働前の期間に属するものは，これを取得原価に算入することができる。
3) **現物出資**：取得原価は，株式を発行しその対価として固定資産を受け入れた場合には，出資者に対して交付された株式の発行価額とする。

4) **交換**：取得原価は，交換に供された自己資産の適正な簿価とする。自
己所有の株式ないし社債などと交換に固定資産を取得した場合には，当
該有価証券の時価または適正な簿価とする。

5) **贈与**：取得原価は，時価等を基準として公正に評価した額とする。

②減価償却

有形固定資産の多くは，それらを事業活動に使用することに伴って価値が
減少する。この価値の減少を，**減価**という。**減価償却**とは，有形固定資産を
事業活動に使用することに伴って生じた減価を，取得原価から控除して，費
用として計上する手続きである。減価が生じない代表的な有形固定資産には，
土地がある。有形固定資産に減価が生じる原因は，1）物理的原因と，2）機
能的原因の2つから説明される。

1）物理的原因による減価

これは，有形固定資産の利用による減耗・摩耗，時の経過による自然老朽
化および災害や事故による損耗を原因とした減価である。これは，**物質的減
価**ともいう。

2）機能的原因による減価

これは，発明・新技術の発見などによる陳腐化，産業構造の変化などを原
因として，有形固定資産が経済的に不適応となることによる減価である。こ
れは，**機能的減価**という。

有形固定資産に生じる減価は，減価償却の手続きによって，各会計期間に
配分される。減価償却は，規則的な方法により有形固定資産の取得原価を，
あらかじめ予見可能な減価について，減価償却費として費用配分する手続き
（**費用配分の原則**）である。代表的な減価償却費の計算方法として，1）**定額
法**と，2）**定率法**がある。

1）定額法

これは，固定資産の価値が，毎期，一定額ずつ減少すると仮定して償却費を計算する方法である。各期の減価償却費は，次の式によって計算される。

$$各期の減価償却費 = \frac{取得原価 - 残存価額}{耐用年数}$$

耐用年数とは，固定資産の使用に耐えうる年数である。**残存価額**とは，耐用年数が経過した時点での固定資産の処分見込価額である。**定額法**には，使用につれて維持修繕費が逓増する場合に，耐用年数の後半になって，費用負担が増大するという短所がある。

2）定率法

これは，固定資産の価値が，毎期，一定の割合だけ減少すると仮定して償却費を計算する方法である。各期の減価償却費は，次の式によって計算される。

$$各期の減価償却費 = (取得原価 - 減価償却累計額) \times 償却率$$
$$= 未償却残高 \times 償却率$$

減価償却累計額とは，これまで減価償却の行われてきた合計額である。取得原価から，減価償却累計額を控除することによって，いまだに減価償却の行われていない金額，すなわち**未償却残高**が計算される。**償却率**は，減価償却費を計算するために用いられる比率である。**定率法**には，投下資本を早期に回収することができ，また維持修繕費が逓増する耐用年数の後半には減価償却費が減少し，毎期の費用負担を平準化することができるといった長所がある。

☞**チェック事項**

　定額法で減価償却費を計算すると，毎期の減価償却費が一定額になる。定率法で減価償却費を計算すると，固定資産を使用し始めた初期において，多額の減価償却費が計上され，徐々に減価償却費の金額は減少することになる。減価償却費として計上される金額の合計額は，計算上は若干異なるが，概念的には同一金額になる。

　2つの方法によって計算される毎期の減価償却費の変化および減価償却方法による相違は，図表8-11のとおりである。減価償却の手続きには，1）固定資産の流動資産化と，2）自己金融の2つの効果がある。

図表8-11　減価償却費の計算

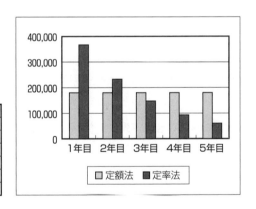

取得原価　　1,000,000
残存価額　　取得原価の10%
耐用年数　　　　5
償却率　　　0.369

減価償却費の比較

	定額法	定率法
1年目	180,000	369,000
2年目	180,000	232,839
3年目	180,000	146,921
4年目	180,000	92,707
5年目	180,000	58,498
合計	900,000	899,965

1）　**固定資産の流動資産化**：これは，固定資産取得のために投下され固定化されていた資金が，減価償却の手続きにより再び貨幣性資産として回収され流動化するという効果である。
2）　**自己金融**：これは，減価償却は支出を伴わない費用なので，資金的には当該金額だけ企業内に留保され，取替資金の蓄積が行われるという効果である。

減価償却は，予見可能な物質的減価および機能的減価に関して，**減価償却費**を計上する手続きである。しかし，有形固定資産に生じる減価を，すべてを予見することはできない。予見不能な減価が生じた場合には，**臨時損失**の手続きを行うことが認められている。**臨時損失**の手続きとは，災害，事故等の偶発的事情により，当期に固定資産の実態が滅失した場合に，この事実に対応して臨時的に実施される簿価の切り下げ手続きをいう。

③減損損失

減損とは，資産の収益性の低下により投資額の回収が見込めなくなった状態をいう。このような場合に，一定の条件の下で回収可能性を反映させるように帳簿価額を減額する会計処理が**減損処理**である。減損処理は，次のような手続きに従って行われる。

1) 資産のグルーピング

事業活動では複数の資産が一体となって利用されて，キャッシュフローを生み出すのが普通である。したがって，減損処理をする場合には，最初に，キャッシュフローを生み出す資産または資産グループを明らかにすることが必要である。これは，**資産のグルーピング**といわれる。

2) 減損の兆候の判定

資産または資産グループごとに**減損の兆候**を判定する。減損の兆候は，たとえば次のような事象が考えられる。

(a) 営業活動からの損益またはキャッシュフローが継続的にマイナスとなっているか，マイナスとなる見込み

(b) 回収可能価額を著しく低下させる変化が生じたか，変化が生じる見込み

(c) 経営環境が悪化したか，悪化する見込み

(d) 市場価格が著しく下落

3）減損損失の認識

　減損の兆候があると判定されたならば，資産または資産グループから得ら**れる割引前将来キャッシュフロー**の総額が帳簿価額よりも下回っている場合に，減損損失が認識される。

4）減損損失の測定

　減損損失を認識すべきであると判定された場合，帳簿価額を**回収可能価額**まで減額して，帳簿価額と回収可能価額の差額を**減損損失**として処理する。ここで，**回収可能価額**とは，**正味売却価額**と**使用価値**のいずれか高い方の金額をいう。

図表8-12　減損処理のフロー・チャート

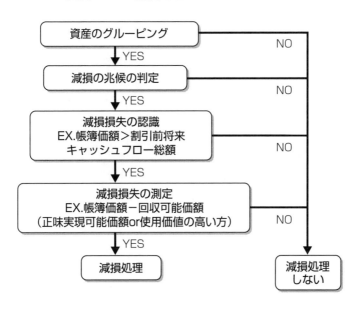

　正味売却価額とは，資産または資産グループの時価から処分費用見込額を控除して算定された金額である。使用価値とは，資産または資産グループの継続的使用と使用後の処分によって生ずると見込まれる将来キャッシュフローを一定の割引率で割り引いた現在価値である。

(3) 無形固定資産

①認識と測定

　無形固定資産は，長期的に事業のために用いられる資産の中で，物理的形態のない資産である。これは，1) **法律上の権利**と，2) **経済的な優位性から収益の稼得に貢献すると期待される無形の要素**から構成される。

1) **法律上の権利**：法律上の権利には，特許権，地上権，商標権，著作権などのある種の技術等を独占的ないしは排他的に使用する権利がある。

2) **経済的な優位性から収益の稼得に貢献すると期待される無形の要素**：経済的な優位性から収益の稼得に貢献すると期待される無形の要素には，のれん，ブランド，顧客名簿などがある。

　これらの無形固定資産は，第三者に対価を支払って取得するか，自己創設により取得される。いずれの方法においても，取得に支出額が伴うので，支出額をもって**取得原価**とする。

②償却

　無形固定資産は，一般に，取得後，時の経過とともに価値が減少すると考えられる。そこで，無形固定資産の取得原価は，有形固定資産の減価償却と同様に，各期に費用として配分される。これが無形固定資産の**償却**である。無形固定資産を償却する場合，残存価額はゼロである。残存価額をゼロとするのは，耐用年数が経過した時点での無形固定資産の処分見込価額がないと

考えられるからである。耐用年数は，それぞれの権利に関する法律または税法に定める償却期限を上限とする。

　特許権の場合，特許制度上の存続期間は20年であるが，税法上の耐用年数は８年である。会計上は，いずれの耐用年数を用いることもできる。無形固定資産の償却は，原則，**定額法**で行う。

　定額法を用いる理由は，次の２点から説明される。
1)　無形固定資産では時の経過につれて維持修繕費が逓増して，耐用年数の後半になって費用負担が増大することはなく，定額法の短所が当てはまらないこと
2)　残存価額がゼロであることから定率法における償却率の計算が困難であること

☞チェック事項

　経済的な優位性から収益の稼得に貢献すると期待される無形の要素としての無形固定資産には，**のれん**，ブランド，顧客名簿などがある。

　のれんとは，合併または買収のときに支払われる対価が，受け取った正味の財産の価額を超える金額である。これは，**買入のれん（購入のれん）**という。逆に，支払われた対価が受け取った正味の財産の価額よりも少なかった金額は，**負ののれん**という。負ののれんは，英語で，バーゲン・パーチェスといわれ，割安に購入した差額を意味する。

8　繰延資産

　繰延資産は，伝統的に旧商法によって資産として計上することが認められてきた資産である。現在の**会社法計算規則**は，繰延資産について，「繰延資産

として計上することが適当であると認められるもの」とだけ規定している（会社法計算規則第106条第3項第5号）。

　繰延資産は，**将来の期間に影響する特定の費用**であり，次の3つの要件を満たした場合に，経過的に資産の部に計上することが認められているものである。
　①すでに代価の支払いが完了し，または支払義務が確定し，
　②これに対応する役務の提供を受けたにもかかわらず，
　③その効果が将来にわたって発現すると期待される費用であること

　現在，**繰延資産**として計上することが認められているのは，次の5つである。

①株式交付費
　これは，新株の発行のために直接支出した費用に自己株式の処分のために直接支出した費用を加えたものである。株式交付費は，原則，支出時に営業外費用として処理する。繰延資産として計上した場合には，株式交付時から3年以内のその効果の及ぶ期間にわたって定額法により償却する。

②社債発行費等
　これは，社債券の印刷費用，証券会社などに支払われる取扱手数料など，社債の発行のために支出した費用等である。社債発行費も，原則，支出時に営業外費用として処理する。繰延資産として計上した場合には，社債償還までの期間にわたり**利息法**により償却する。継続適用を条件に，**定額法**による償却も容認されている。

③創立費
　これは，定款に記載された発起人が受け取るべき報酬と会社の負担に帰すべき会社設立費用，定款認証の手数料，銀行等への株式払い込み取扱手数料および設立当期の登録税などの費用である。創立費も，原則，支出時に営業

外費用として処理する。繰延資産として計上した場合には，会社の成立後5年以内のその効果の及ぶ期間にわたって定額法により償却する。

④開業費

　これは，会社の成立後，営業開始までに開業準備のために直接支出した費用である。開業費も，原則，支出時に営業外費用として処理する。繰延資産として計上した場合には，開業時から5年以内のその効果の及ぶ期間にわたって定額法により償却する。

⑤開発費

　これは，新技術または新経営組織の採用，資源の開発，市場の開拓等のために支出した費用，生産能率の向上または生産計画の変更などにより，設備の大規模な配置換えを行った場合などの費用をいい，経常的な性格をもつものは含まれない。開発費も，原則，支出時に売上原価または販売費および一般管理費として処理する。繰延資産として計上した場合には，支出後5年以内のその効果の及ぶ期間にわたって定額法その他の合理的な方法により規則的に償却する。

　繰延資産は，「将来の期間に影響する特定の費用」であることから，適正な損益計算の見地から，その効果の発現および収益との対応関係を重視することによって，繰延経理される。すなわち，繰延資産の原価は，その効果が及ぶ将来の期間にわたって配分されて（**費用配分の原則**），将来の収益と繰延資産償却の費用との対応関係（**費用収益対応の原則**）が重視される。

☞**チェック事項**

　費用収益対応の原則とは，適正な期間損益計算を行うために，収益と費用との対応関係を重視して期間収益と期間費用を確定して，その差額として当期純利益を計算するものである。

繰延資産は，将来の期間にわたって費用化される資産である。この点では，棚卸資産や有形・無形固定資産と同様に，**費用性資産**である。繰延資産と棚卸資産や有形・無形固定資産との相違点は，繰延資産に**換金化価値**がなく，財産性を有するものではないという点にある。繰延資産は実体がなく換金化価値をもたないため擬制資産や会計的資産等と呼ばれ，正確な**期間損益計算**のために将来の収益に対応させるよう計上されるという点で会計固有の概念であるといわれる。

　換金化価値のない繰延資産を資産計上することには問題が指摘される。これは，繰延資産として計上することが認められている5項目が，いずれも原則，費用処理と定められていることと関係している。

参考文献 ◇◇

企業会計基準委員会［2006］「討議資料『財務会計の概念フレームワーク』」。

秋山純一・山原克明［2002］『財務会計テキスト』東京経済情報出版。

伊藤邦雄［2012］『ゼミナール現代会計入門（第9版）』日本経済新聞出版社。

興津裕康［1997］『現代制度会計』森山書店。

木村敏夫・向伊知郎編［2007］『財務会計論』税務経理協会。

桜井久勝［2023］『財務会計講義（第24版）』中央経済社。

田中弘［2023］『新財務諸表論（第6版）』税務経理協会。

田中弘・向伊知郎・田口聡志［2021］『会計学を学ぶ（第2版）』税務経理協会。

西山茂監訳［2007］『アンソニー会計学入門（第2版）』東洋経済新報社。

広瀬義州［2015］『財務会計（第13版）』中央経済社。

藤田幸男［1975］「貸借対照表の区分・配列」黒澤清編『新企業会計原則解説』税務経理協会。

藤田幸男［1974］「繰延資産」吉永栄助・飯野利夫監修『会社の計算上巻』商事法務研究会。

確認テスト

① 貸借対照表における資産の分類方法について，説明しなさい。

② 有価証券を保有目的別に分類して，それぞれの貸借対照表日における評価方法について説明しなさい。

③ 下記の資料に基づいて，先入先出法，総平均法および移動平均法といった棚卸資産の原価配分の方法によって，期末棚卸資産の評価額がどのように異なってくるか計算しなさい。

月日		摘要	数量（個）	単価（円）	金額（円）
5月	1日	前月繰越	100	100	10,000
	10日	仕　入	160	120	19,200
	15日	売　上	140	220	30,800
	20日	仕　入	230	160	36,800
	25日	売　上	180	240	43,200

④ 減価償却の意味とその効果について説明しなさい。

⑤ 減損損失の認識と測定について説明しなさい。

発展テスト

① 貸借対照表日における資産の評価で，原価で評価されるものにはどのようなものがあるか。

② 貸借対照表日における資産の評価で，時価で評価されるものにはどのようなものがあるか。

③ 上記の原価で評価されるものと時価で評価されるものとの間では，資産の性質にどのような相違がみられるか。

本章のもうチョッと‼

大日方隆［2012］『会計基準研究の原点』中央経済社。

斎藤静樹編［2002］『会計基準の基礎概念』中央経済社。

斎藤静樹・徳賀芳弘［2011］『企業会計の基礎概念』（体系現代会計学）中央経済社。

第9章

負債・持分の会計

□この章では，貸借対照表ないし財政状態計算書の貸
　方項目である負債と持分について取り上げる。

□負債と持分は，会社が事業活動に必要な資本をどの
　ように調達しているのかについて関係している。

□会社の調達した資本は，会社の株主から出資を受け
　た自己資本と，銀行などから借り入れた他人資本に
　大別される。自己資本が持分で，他人資本が負債で
　ある。

□会社がどのような資金調達手段を用いるのかについ
　ては，そのコストである資本コストないし資金調達
　コストを考慮に入れる必要がある。

□その一方で，新株予約権のように負債にも資本にも
　明確に分類できない項目もある。

キーワード

　資金の調達源泉，資本，資本コスト，負債，法的債務性，
　持分

1 負債と持分の意味

本章では，負債と持分，すなわち，貸借対照表ないし財政状態計算書の貸方の項目について取り上げる。

貸借対照表の貸方の項目の区分の仕方にはいろいろな方法がある。負債と資本，負債と純資産などの区分がその一例である。また，資金の調達源泉とみて，**自己資本**と**他人資本**に分ける方法もあるが，これは，実際の表示区分として用いられることはない。

日本基準に従った貸借対照表では負債と純資産に区分している。本章では，任意適用する上場会社が増えてきているIFRSの表記に従って，負債と持分という区分を用いているが，持分を資本と読み替えてもよい。

2 負債の会計

(1) 負債とは何か─負債の意義と分類

負債とは，簡単にいえば，負の資産ないし財産，あるいは借入金のような義務である。金銭を引き渡す義務，物品を引き渡す義務，サービスを提供する義務，等々である。借入金，買掛金，支払手形，社債などの**確定金銭債務**が金銭を引き渡す義務の典型例である。また，各種の引当金も負債に含まれる。これらの負債は，別の言い方をすれば，事業に必要な資金のうち株主以外から調達した部分である。

〈エピソード13〉崩れた"Apple神話"─無借金経営の看板を下ろす理由
　4月30日，ウォール街が驚いた。米IT大手のアップルが，事業会社としては史上最大規模，170億ドル（約1兆6500億円）の社債発行に踏み

切ったのだ。

　アップルが保有する現金など手元流動性は約391億ドル。これはライバルである米PC大手ヒューレット・パッカードをポンと買収できるほどの水準である。ただでさえ現金が豊富にあるのに，なぜ無借金経営の看板を下ろす必要があるのだろうか？

　答えは株主を意識した財務政策の大転換だ。アップルが4月23日に発表した1〜3月期決算は，ほぼ10年ぶりの減益。昨年9月に最高値705ドルをつけた株価は4月に385ドルまで低下する場面があり，この半年間，アップル株はウォール街で最も人気のない銘柄の一つだった。

　株主の怒りを鎮めようと，アップルは決算発表と同時に今後2年間で1千億ドル相当の自社株買いと増配を発表。ため込んだ現預金の多くは米国外で寝かしており，米国に送金すると税金がかかる。これも社債発行が必要な理由だ。

（後略）

（産経新聞，2013年5月7日）

　このApple社のエピソードは，社債による資金調達が，単に事業活動に資金が足りないから行われるわけではなく，さまざまな理由があることを示唆している。

　負債を簡単にいうと義務であると述べたが，法律上の責務の程度，すなわち負債の**法的債務性**との観点から，負債は**確定債務**，**条件付債務**，**会計的負債**に分類できる。

　借入金は，誰に，いつ，いくら支払うのかが確定している。このように，財貨等の金額，提供先，および提供期日がすでに確定している義務を確定債務という。

家電製品を購入した際，購入後一定期間内に生じた故障については，無償
で修理をしてもらえる保証サービスがついていることがあるだろう。これを
販売側からみたら，お客側からの修理依頼に応じて無償で修理をする，すな
わち修理費を販売店が負担するという義務を負っていることを意味している。
この場合，販売側は商品保証引当金ないし製品保証引当金という負債を計上
している。しかし，いつ故障が起きて修理依頼があるのかは現時点ではわか
らないだけでなく，もしかしたら保証期間内には故障せずに，無償の修理を
しない可能性もある。このように，現時点では財貨等の金額，提供先および
提供期日のいずれかが未確定であるが，いずれ一定の要件が満たされればこ
れらが確定する義務を条件付債務という。

　これらの確定債務および条件付債務は，程度は異なるものの，ともに法的
債務性があるのに対し，会計的負債には法的債務性がない。

　しかし，たとえば非常にストイックな人間が，「毎朝20kmのジョギングを
する」と自分に課している場合を考えよう。このように，自分に課した義務
だとしても，もしそれを彼が果たさなくても法的にはまったく問題がない。
会計的には，（特別）修繕引当金といわれているものがその典型例である。
これは，たとえば「3年に1度自主的に行う機械の点検修理のための費用は，
その点検修理を行うまで機械を使用した3年間に按分すべき費用のため，点
検修理を実際に行っていない期間に将来の分を事前に計上する」としたもの
である。もちろん，法律等で強制的に点検・修理が求められるものならば，
法的債務性があるとみなせるだろう。

　なお，「引当金」という名称であっても，実際にそれに見合うお金を社内
に引き当てて取っておいているかどうかは，別の問題である。給料などの多
くの費用は実際に現金支出を伴う。しかし，引当金を設定するときは，「引
当金繰入額」といった支出を伴わない費用を計上する。そのため，支出をし

ないという意味で資金を一時的に確保しているとみることはできるが，その資金を事業運営に再投資している可能性もあるからである。

　なお，これまで述べた法的債務性による負債の分類に対し，財務的観点から，**有利子負債**と無利子負債という分類もある。これは文字通り，その負債に利子の負担があるかないかという分類であり，借入金や社債などは利子を支払うため有利子負債に分類され，買掛金や多くの引当金は無利子負債となる。

(2)　負債の測定—負債の貸借対照表価額の決定

　負債は貸借対照表にいくらとして計上されるのだろうか。この金額のことを，負債の貸借対照表価額という。

　負債の貸借対照表価額は，将来ないし現在のキャッシュ・アウトフローに基づくものと，過去のキャッシュ・インフローに基づくものに大別できる。より具体的には，債務額ないし将来の支払額，過去の入金額，および公正価値の3つの測定属性が用いられる。

　債務額とは，その負債による**将来の支払額**であり，確定金銭債務のように契約によって定められた価額である。また，条件付債務のように，法的に現時点では支払額が確定していないために，将来支払額の見積りに基づいて測定された価額も含まれる。よって，これらはいずれも，将来のキャッシュ・アウトフローに基づく測定である。

　過去の入金額による**測定**とは，前受金などのように，その発生時に受け取った価額によって測定することを意味しており，将来の財貨・用役の提供とは関係なく測定されるものである。よって，過去のキャッシュ・インフローに基づく測定といえる。

確定債務であっても，たとえば資金の借り入れの際に利息相当額を差し引かれた金額を受領した場合のように，その債務額と実際受領額が異なる場合には，**償却原価法**という方法により，その差額を満期日までに徐々に帳簿価額に加減していく方法もある。

〈償却原価法の計算例〉

- ×1年4月1日，事業に必要な資金1,000千円を借り入れる際，利息相当分200千円を差し引かれて，800千円を現金で受け取った。なお，借入期間は2年である。

  （借）現金　　　800　　（貸）借入金　800

- ×2年3月31日　上記借入金につき定額法による償却原価法による処理を行った。

  （借）支払利息　100　　（貸）借入金　100

- ×3年3月31日　上記借入金につき定額法による償却原価法による処理を行った。

  （借）支払利息　100　　（貸）借入金　100

- ×3年3月31日　上記借入金を現金にて返済した。

  （借）借入金　1,000　　（貸）現金　1,000

最後に，公正価値とは，債務額や過去の入金額等にかかわらず，市場価格などの時価等で測定するものである。しかし，適切な市場価格が利用できない場合に，将来キャッシュ・アウトフローの割引現在価値によることも含まれる。公正価値は，通常，現在の出口価格であるために，負債の場合，その負債を第三者に移転する場合にその第三者に支払うであろう金額となる。したがって，キャッシュ・アウトフローによる測定として位置づけられる。

〈エピソード14〉負債の公正価値測定

楽天グループ（株）第26期（2022年12月期）有価証券報告書の注記より

44. 金融商品の公正価値

（1）金融商品の帳簿価額及び公正価値

　　下記は，当社グループの保有する金融商品の帳簿価額と公正価値の比較を示しています。

（中略）

（単位：百万円）

	当連結会計年度 （2022年12月31日）		
	帳簿価額	公正価値	差額
（金融資産）			
（中略）			
（金融負債）			
銀行事業の預金	8,419,097	8,419,133	36
社債及び借入金	1,760,781	1,771,320	10,539
カード事業の社債及び借入金	812,738	815,860	3,122
（後略）			

　負債の公正価値測定は，日本の現在の会計基準でもデリバティブなどの一部の金融負債については行われるが，借入金等の金銭債務については行われていない。楽天グループはIFRSに準拠して連結財務諸表を作成しているため，このような金融商品に関する公正価値情報を注記で開示している。

　公正価値の変動による評価損益を計上する場合，資産と負債ではその損益が反対に出ることに注意する必要がある。公正価値が帳簿価額を下回っている場合，資産であれば評価損を計上するが，負債の場合には評価益を計上することになるからである。

　金銭債務は，通常，その債務額によって返済される。しかし，きちんと全

額返済されるのは，当該企業の経営状態が悪化しておらず，十分な支払能力があることが前提となる。言い換えるならば，企業の経営状態が悪化した場合，債務が全額返済される可能性が低くなり，倒産に至れば，まったく返済されなくなる場合もある。このように返済されないことをデフォルトといい，その危険性をデフォルト・リスクという。

　仮に，保有している社債の発行会社（債務者）の経営状態が悪化したために，これを他社に売却しようとした場合，一体いくらなら売買が成立するだろうか。通常，デフォルト・リスクが高くなっている社債の売買は，そのリスクを反映し，社債金額よりもかなり低い価額でなければ成立しないだろう。

　これを社債の発行会社側から考えてみよう。もし，このように市場価格が低下した社債を，発行会社が自ら購入することができるならば，社債金額（または発行価額）よりも低い価額で償還することが可能となる。その結果，その分だけ，発行企業の利益になると考えられる。そのため**負債評価益**を計上することになる。したがって，これとは逆に，発行企業の経営状態が回復したときには，社債の市場価格が上昇するため，負債評価損を計上することになる。

　しかし，債務者たる発行会社の経営状態が悪化しているのであれば，自社の社債を買い入れる余力があるとは言い難い。それにもかかわらず，社債を償還できない可能性が高まるにつれて計上されるこの利益は，経済的な直感に反するものといわれている。

　負債の時価評価によって，経営状態が悪化したにもかかわらず評価益を計上することを，「**負債の時価評価のパラドックス**」と呼ぶことがある。しかし，それは時価評価の一面しか捉えていない。なぜならば，発行会社の経営状態が悪化する背景には，保有する資産等に起因する財務体質の悪化がある。す

なわち，負債評価益を計上するならば，資産評価損も計上し，両者が相殺されなければならないからである。同様に，負債評価損が計上されるのであれば，資産評価益が計上されなければならない。それゆえ，もし，本当に負債評価益によって利益がかさ上げされるのであれば，資産と負債の測定基準に整合性がないことが原因である。

　このことから，資産の会計と負債の会計が必ずしも首尾一貫していない，すなわち，会計基準が必ずしも首尾一貫した論理で成り立っているわけではないことがわかるであろう。

(3) 企業経営において負債によって資金を調達する意義

　企業経営には，資金が必要である。その調達方法としては，株主に出資してもらうだけでなく，銀行からの借り入れによることもできる。その意味で，負債は資本の調達源泉の1つとして他人「資本」とも呼ばれるのである。

　しかし，買掛金や支払手形など，さらには各種の引当金の場合，「どこからも借り入れを行っていないではないか」との疑問があがるかもしれない。しかし，これらはいずれも，今支払うべきものの支払期限を先に延ばしているという経済的効果をもっている。そのため，もしその支払いをしていたならば，不足する資金をどこからか借りてこなければならない。その意味で，これらも資金の調達源泉とみることができるのである。

　では，このように将来返済等を要する負債を一切負わない企業経営，すなわち無借金経営の方が有利なのであろうか。なお，無借金経営とは通常，有利子負債がないことを意味している。エピソード13でみたように，Apple社はこれまでの無借金経営の方針を転換し，社債による資金調達に踏み切った。

　社債等の他人資本による資金調達については，その返済義務だけでなく金

利負担というマイナス面が懸念される。しかし，会社の倒産等を含め最終的なリスク負担者は株主である。そのため，株主がその出資に対して要求するリターンは，通常，会社の業績に関係なく契約に従って利息の支払いが行われる借入金や社債に対して要求される利子率よりも高いものとなる。それゆえ，もし，ある投資機会の期待投資リターンが他人資本の資本コスト以上であると見込まれる場合には，他人資本による資金調達が合理性をもつ場合もある。その結果，企業の収益性の指標の1つである自己（株主）資本利益率（ROE）を高めることにもなる。しかし，当初の見込み通りリターンを得られないなどにより，経営状況が悪化した場合は，かえって金利負担が過重になる可能性もあるので，負債に過度に依存することがよいといっているわけではない。

3 持分の会計

(1) 持分の意義および資本との関連とその分類

本章の冒頭でも述べたように，貸借対照表の貸方については，いくつかの区分方法が考えられる。

持分を広義に捉えると，貸借対照表の借方に計上されている資産への請求権という意味で，他人資本と自己資本という区分が考えられる。しかし，会社を出資者たる株主のものとみるならば，資産から負債を控除した上で残存する資産に対する請求権という意味で用いる場合もある。この後者の意味での持分が，いわゆる一般的な資本と同義とみなすことができる。しかも，この資本という言葉もまた多様な意味で用いられているが，本節では，そのうち，通常，自己資本を意味している資本を対象にしている。

自己資本は，以下のようないくつかの視点から分類することができる。

①取引源泉別分類

　取引源泉別分類とは，資本の増減を生じさせる取引源泉による分類である。
　1) **払込資本**　資本取引によって生じた資本。資本金および資本剰余金。
　2) **稼得資本**　損益取引によって生じた資本。利益剰余金。

　このほかに，受贈資本と評価替資本をあげることができるが，この2つが一般的なものである。

　払込資本を生じさせる**資本取引**とは，株主との取引により直接に資本金および資本剰余金（払込資本）を増減させる取引をいい，稼得資本を生じさせる**損益取引**とは資本取引以外の取引で利益剰余金（稼得資本）を増減させる取引をいう。なお，払込資本は**拠出資本**ということもある。

　この資本取引と損益取引は，元手たる払込資本とその運用結果である稼得資本（利益）を混同しないようにするために，すなわち，適切な損益計算を行うために明確に区分される必要がある。さらには，本来維持拘束されるべき払込資本を配当しないためにもその区分が重要となる。

②維持拘束性分類（処分可能性分類）

　維持拘束性分類とは，社内に維持拘束されるべきか，配当等により処分可能であるか否かという観点による分類である。通常，配当等は会社法などの法律の規制を受けるため，維持拘束すべき資本，あるいは処分（配当）可能な資本については，法理論と会計理論で一致しないことも多い。
　1) **維持拘束資本**　維持拘束される資本。会計上，払込資本が該当すると考えられているが，現行の会社法では，資本金および準備金（資本準備金および利益準備金）からなる。
　2) **処分可能資本**　処分可能な資本。会計上は利益剰余金であるが，会社法では準備金以外の剰余金（その他資本剰余金およびその他利益剰余金）

からなる。

③会社法における分類

わが国に限らず，多くの国において，株式会社などの会社やそこで行われる会計は，法律の規制を受ける。わが国では，その法律の1つに会社法があり，そこでは，資本を以下のように分類する。財務諸表に記載される場合は，一般にこの分類が中心となる。

1) **資本金**　払込資本のうち，会社法の定めによって**資本金**とされたもの。

2) **剰余金**　資本金以外の資本。払込資本のうち資本金とされなかった**資本剰余金**と，稼得資本たる**利益剰余金**に分けられる。

3) **準備金**　剰余金のうち会社法の定めによって資本金の1／4に達するまで積み立てることが強制される資本。**資本準備金**と**利益準備金**からなる。

なお，剰余金のうち，資本準備金以外の資本剰余金を**その他資本剰余金**，利益準備金以外の利益剰余金を**その他利益剰余金**という。

(2) その他純資産

現行の貸借対照表上の表示区分は，企業会計基準第5号「貸借対照表の純資産の部の表示に関する会計基準」により，これまで述べた負債と持分という概念的な区分とは異なり，負債と純資産という表示区分が設けられている。しかも，第5章でも説明したように，負債以外の項目はすべて純資産の部に表示されるが，これは本節で取り上げた資本とはイコールではない。

純資産の部において，自己資本に該当するものは株主資本の区分に計上する。そして，それ以外の負債にも該当せず，株主資本にも該当しない項目を**その他純資産**項目といい，**評価・換算差額等**（個別）／**その他の包括利益累計額**（連結），**株式引受権**，**新株予約権**，**非支配株主持分**（連結のみ）に区分して表示する。以下では，評価・換算差額等／その他の包括利益累計額と新株

予約権についてのみ取り上げよう。

①評価・換算差額等／その他の包括利益累計額

その他有価証券評価差額金のように，時価評価等による評価差額のうち，いまだリスクから解放されておらず，株主に帰属するものとは確定していない部分である（詳細は第8章　金融資産を参照のこと）。

②新株予約権

新株予約権とは，新株予約権者がこの権利を行使したときに，会社が新株予約権者に対して新株を発行するか，または保有する自己株式を移転する義務を負うものである。

ただし，この義務は，負債にいう経済的資源を流出させる義務ではない。行使されたときには，払い込みを受けるため，逆に経済的資源が増加する。そのため，負債ではないと考えられている。しかし，資本を払い込んだわけでもないため，資本とみなすことができないことから，その他純資産項目に表示されている。

この新株予約権が付与される典型例が，株式連動報酬の1つである**ストック・オプション**である。

〈エピソード15〉報酬1億円以上，540人　3年3月期，前年超え

　東京商工リサーチは30日，令和3年3月期に1億円以上の役員報酬を受け取った上場企業の役員は少なくとも540人で，前期の533人を上回ったと発表した。最高額はソフトバンクグループで取締役を務めたサイモン・シガース氏の18億8200万円だった。

　報酬はストックオプションや退職慰労金などを含む。日本人のトップはソニーグループの吉田憲一郎会長兼社長で12億5300万円だった。

報酬１億円以上の役員が最も多かったのは日立製作所の15人。三菱Ｕ
ＦＪフィナンシャル・グループが11人，三井物産が９人で続いた。
　有価証券報告書の提出が確認された約2400社を対象に集計した。多く
の上場企業が提出を終えており，571人で過去最多だった平成31年３月
期には及ばない見通し。

（産経新聞（ネット），2021年６月30日）

　ストック・オプションは，通常，現在の株価よりも高い価額を行使価格と
して設定し，その行使期間を将来の時点とし，かつその権利が確定するまで
に一定期間勤務するなどの条件を付した新株予約権として発行される。仮に，
その行使価格を100円とし，行使期間が３年後に到来するとしよう。経営者
等の３年間の経営努力が無事結実し，財務業績が向上し，株価上昇に結びつ
いたとする。その結果，株価が150円と行使価格以上になれば，経営者等は
それを行使して１株当たり100円で交付された株式を直ちに150円売却するこ
とによって，その差額（１株当たり50円）が報酬として得られることになる。
加えて，株価上昇は株主の利益にも合致するために，株主と経営者等の利害
を一致させる報酬制度として機能するのである。

　ストック・オプションの付与時には，一般に，通常の給与等のように現金
支出を伴わないため，資金的に余裕のないベンチャー企業などで多用されて
きた。しかし，それは労働の対価として付与されているものではないかとの
議論がなされ，現在では，その公正価値を見積もって**株式報酬費用**として費
用計上するに至っている。

　本来であれば，提供された「労働サービス」の公正価値があって，それに
見合う対価が支払われるべきである。しかし，労働サービスの公正価値を直
接測定できないことから，金融工学を用いて，ストック・オプションの公正
価値をもって労働サービスの公正価値とみなしているのである。

　なお，近年，ストック・オプション以外にも，株式等を利用したさまざまな報酬制度が導入されている。それに対応したものの1つが，株式引受権である。いずれにせよ，株式を利用した報酬制度によって，エピソード15のように高額な報酬を得ている経営者が増えているのも事実である。

参考文献 ◇◇

　企業会計基準委員会［2006］「討議資料『財務会計の概念フレームワーク』」。
　企業会計基準委員会［2013a］「企業会計基準第5号　貸借対照表の純資産の部の表示に関する会計基準（最終改訂）」。
　企業会計基準委員会［2013b］「企業会計基準第6号　株主資本等変動計算書に関する会計基準（最終改訂）」。
　佐藤信彦・河﨑照行・齋藤真哉・柴健次・高須教夫・松本敏史編著［2023］『スタンダードテキスト財務会計論　I基本論点編（第16版）』中央経済社。
　佐藤信彦・河﨑照行・齋藤真哉・柴健次・高須教夫・松本敏史編著［2023］『スタンダードテキスト財務会計論　II応用論点編（第16版）』中央経済社。

確認テスト

① 負債，資本，持分の関係について説明しなさい。

② 未払金，未払費用，引当金について，その法的債務性からその異同点を説明しなさい。

発展テスト

① 負債と資本の関係を，主たる企業観ごとに説明しなさい。

② 新株予約権の本質について説明しなさい。

■**本章のもうチョッと‼**

石川鉄郎・北村敬子編著［2008］『資本会計の課題』中央経済社。

佐藤信彦・河﨑照行・齋藤真哉・柴健次・高須教夫・松本敏史編著［2023］『スタンダードテキスト財務会計論 Ⅰ基本論点編（第16版）』中央経済社。

佐藤信彦・河﨑照行・齋藤真哉・柴健次・高須教夫・松本敏史編著［2023］『スタンダードテキスト財務会計論 Ⅱ応用論点編（第16版）』中央経済社。

山田純平［2012］『資本会計の基礎概念』中央経済社。

損益の会計

□利益は，貸借対照表の視点からみれば，一期間にお
　ける持分（純資産）の増加分であり（利益＝期末持
　分−期首持分），損益計算書の視点からみれば，費
　用を上回る収益の金額である（利益＝収益−費用）。
　収益は資産の増加または負債の減少を伴い，費用は
　資産の減少または負債の増加を伴う。

□収益（売上高）は，財・サービスに対する支配を顧
　客に移転（支配を顧客が獲得）し，履行義務を充足
　したときに認識する。また，その金額は，履行義務
　の対価として顧客から受け取る金額で測定する。

□費用のうち最も重要な売上原価は，顧客に移転した
　商製品等を構成する原価（支払額），すなわち売上
　高に対応する原価として計算する。

キーワード

売上高，売上原価，財・サービスに対する支配の移転，
履行義務の充足

1 会計五要素の関係―利益を中心に

　複式簿記に基づいて営まれている企業会計は，図表10-1における試算表（中央）のように「資産＋費用＝負債＋持分（純資産）＋収益」という構造ないし関係性を持っており，期末貸借対照表（右）は，試算表（中央）における収益と費用を相殺した後のものとして理解することができる。この期末貸借対照表の右下に書いてある利益については，2通りの説明が可能である。1つは，損益計算書の視点から，収益と費用の差として利益を説明する方法である（**利益＝収益－費用**）。いま1つは，貸借対照表の視点から，一期間における持分の増加分として利益を説明する方法である。期末貸借対照表（右）において，まず期末持分（＝期末資産－期末負債）を計算し，その後，期末持分と期首持分の比較によって利益を計算しているとみるのである（**利益＝期末持分－期首持分**）。ただし，持分の変動は利益獲得活動とは直接的に関係のない資金調達活動（新株発行）や配当などによっても生じるので，持分比較によって利益を説明する場合には，その影響を除外して考える必要がある。

　本章では，利益のプラス要素である収益（売上高）とマイナス要素である費用（特に売上原価）の計算について学ぶが，図表10-1の構造を頭に入れておくと，理解がより進むはずである。収益は，資産の増加または負債の減少

図表10-1　企業会計の構造

を伴う。仕訳の際に取引額を左右に二重記入することを想起すれば，たとえ
ば，売上高は，現金預金や売掛金の増加を伴うし，前金を受け取った後で商
品を販売した場合には，前受金または契約負債の減少を伴う。一方，費用は，
資産の減少または負債の増加を伴う。たとえば，売上原価（仕入高のうち売
上高に対応する金額）は，現金預金もしくは商製品の減少を伴うし，仕入代
金が未払いであれば，買掛金という負債の増加を伴う。

2 収益（売上高）の認識と測定

　収益の認識は，売上高（収益）をいつの時点で損益計算書に計上するのか
ということを問題にする。伝統的に，収益の認識は**実現主義**の考え方に従い，
商製品を販売したとき，ないし財・サービスを提供したときに行ってき
た[1]。しかし，2018年3月にASBJから企業会計基準第29号「収益認識に関
する会計基準」（以下，29号という）とその適用指針（以下，適用指針という）
が公表されたことで，収益の認識は，図表10-2に掲げられている基本原則と
5つのステップに従って行われるようになった（29号16-17項）[2]。すなわち，
収益（売上高）は，財・サービスに対する支配を顧客に移転し，履行義務を
充足したとき（財・サービスの提供義務を果たしたとき）に認識する。また，
その金額は，履行義務の対価として顧客から受け取る金額（取引価格）で測
定する。その際，契約内に履行義務が複数存在する場合には，それらをまと
めて1つの収益単位とするのではなく，個々の履行義務を収益単位とし（第
2ステップ），取引価格すなわち収益を各履行義務に配分した上で（第4ス
テップ），各履行義務を充足したタイミングで別個に収益を認識するのである。

---

1)　佐々木［2013］，p.22参照。
2)　29号とその適用指針は2020年3月に一部改正されている。

図表10-2　収益認識の基本原則と5つのステップ

基本原則：約束した財又はサービスの顧客への移転を当該財又はサービスと交換
　　　　　に企業が権利を得ると見込む対価の額で描写するように，収益を認識
　　　　　すること
第1ステップ：顧客との契約を識別する
第2ステップ：契約における履行義務を識別する
第3ステップ：取引価格を算定する
第4ステップ：契約における履行義務に取引価格を配分する
第5ステップ：履行義務を充足した時に又は充足するにつれて収益を認識する

　ただし，29号が公表されたとはいえ，財・サービスを顧客に移転したとき
とは，卸売業や小売業，製造業においては商製品を販売したときに等しく，
また，サービス業の場合にはサービスを提供したときに等しいから，その意
味においては，実現主義の場合とさほど変わらないともいえる[3]。

　なお，財・サービスを顧客に移転した時点といっても，厳密には，商製品
の出荷時（発送時），着荷時，顧客による検収時などがある。29号では，財・
サービスに対する支配を顧客が獲得したときをもって支配が移転したと考え
るので，収益の認識は検収時に行うことが基本である。ここで**支配**とは「当
該資産（財・サービスのこと—筆者注）の使用を指図し，当該資産からの残
りの便益のほとんどすべてを享受する能力（他の企業が資産の使用を指図し
て資産から便益を享受することを妨げる能力を含む。）」（29号37項）をいう。
ただし，特定の場合に限り，出荷時や着荷時で収益を認識することも認めら
れている。

---

3)　佐々木［2019］，p.3参照。

3　簡単な計算例

ここで，次の簡単な計算例を使って，売上高（収益）および売上原価（費用）の認識・測定の仕方をみてみることにしよう。

【設例10-1】

x1年度期首に次の条件で顧客と契約を結んだ。各期の売上高，売上原価，売上総利益を計算しなさい。なお，小数点以下は四捨五入すること。

〈条件〉

履行義務：製品X，Y，Zをそれぞれx1，x2，x3年度に引き渡すこと。

取引価格：50,000円

独立販売価格：製品X　30,000円，製品Y　20,000円，製品Z　10,000円

製造原価：製品X　22,000円，製品Y　15,000円，製品Z　7,500円

〈解答〉

	x1年度	x2年度	x3年度
売上高	25,000	16,667	8,333
売上原価	22,000	15,000	7,500
売上総利益	3,000	1,667	833

収益の認識・測定の仕方は，以下のとおりである。まず，第１ステップとして，顧客との間に契約すなわち取引の合意が存在することを確認する。次に，第２ステップとして，この契約に３つの履行義務が含まれていることを確認する。そして，第３ステップとして，取引価格つまり収益の総額が50,000円であることを確認した後，第４ステップとして，50,000円を３つの履行義務に配分する。このときの配分方法としては，下のように各履行義務の**独立販売価格**（３つの製品を別々に販売するときの価格）に応じて比例的に配分するという方法がとられる。最後に，第５ステップとして，製品X，

Y，Zに対する支配を顧客に移転して履行義務を充足したタイミングで収益の計上を行う。

製品Xの引渡義務25,000円＝30,000／（30,000＋20,000＋10,000）×50,000

製品Yの引渡義務16,667円＝20,000／（30,000＋20,000＋10,000）×50,000

製品Zの引渡義務8,333円＝10,000／（30,000＋20,000＋10,000）×50,000

売上原価については，各製品の製造原価（製造コスト）を計算し，売上高に対応させる形で計上する。たとえば，x1年度の売上高が製品Xのみによるものであるため，x1年度の売上原価も製品Xの製造原価のみとする。

4 適用指針の設例

適用指針では，より複雑な場合の収益認識について，設例を使った説明がなされている。いくつか取り上げてみよう（ただし一部修正・省略の上で用いる）。

(1) 商品の販売と保守サービスの提供を行う契約

【設例10-2】適用指針設例1
　A社は，商品を販売するとともに2年間の保守サービスを行うという契約をB社と当期首に結び，代金として12,000円を現金で受け取り，すぐさま商品を引き渡した。なお，独立販売価格は，商品11,000円，保守サービス2,200円である。

5ステップのうち重要な所だけ説明すると，まず，契約上の履行義務として，商品の販売と保守サービス（2年間）の提供の2つがあることを確認する（第2ステップ）。次に，取引価格12,000円を独立販売価格に応じて2つ

の履行義務に配分し，商品販売による収益額を10,000円 $\left(= \dfrac{11,000}{11,000 + 2,200} \times 12,000\right)$，保守サービス2年間の収益額を2,000円 $\left(= \dfrac{2,200}{11,000 + 2,200} \times 12,000\right)$ と計算する（第4ステップ）。最後に，各履行義務を充足したときまたは充足するにつれて収益を認識するから，1年目の収益は商品販売10,000円と1年間の保守サービス提供1,000円を合わせた11,000円となる（第5ステップ）。

(2) 返品権付き販売

【設例10-3】適用指針設例11

A社は，X製品100個を@100円で複数の顧客に販売し（支配を移転し），代金は現金で受け取った。A社の取引慣行では，返品が30日以内にあったとき，全額返金に応じることとしている（ただし未使用のものに限る）。X製品の原価は@60円，見積返品率は3％とする。

この設例では，第3ステップにおける取引価格の算定が問題となっている。顧客から返品の要請があった場合には，返金義務が生じ，受け取ることのできる対価が変動する（減少する）からである。このような変動可能性のある対価を**変動対価**といい，変動対価は合理的な方法によって適切に見積もる必要がある。返品権付きの商製品を販売した場合には，返品されると見込まれる商製品の対価部分を除いた金額で収益を認識し，見積返金額は返金負債として計上する。と同時に，返品されると見込まれる商製品（原価）を返品要請により生じる権利として資産計上する。

（借）	現	金	10,000	（貸）	売 上 高		9,700
					返金負債		300
（借）	売上原価		5,820	（貸）	製	品	6,000
	返品資産		180				

※売上原価対立法による。

（3）消化仕入

【設例10-4】適用指針設例30

　小売業を営むA社は，B社より商品を仕入れ，店舗に陳列し，販売を行っている。B社とは消化仕入の契約を結んでおり，店舗商品の法的所有権，在庫リスク，品揃えや販売価格の決定権等はすべてB社側にある（つまり商品を支配しているのはB社である）。A社は，店舗において個人顧客にB社から仕入れた商品を10,000円で現金販売した。同時に，B社との消化仕入契約に基づき買掛金8,000円を計上した。

　消化仕入とは，日本の百貨店業界においてしばしばみられる取引形態であり，テナントでの売上時点で，百貨店側がテナントからの仕入と顧客への売上を同時に認識するような取引をいう。従来，このような消化仕入の場合には，顧客販売時点で百貨店（A社）側が売上高10,000円と仕入高8,000円を総額で認識していた。しかし，29号の下では，次の仕訳のように，収益を純額で，つまり手数料収入2,000円として計上しなければならなくなった。

　（借）現　　金　10,000　　（貸）買　掛　金　8,000
　　　　　　　　　　　　　　　　手数料収入　2,000

　これを理解する上で重要なことは，A社の履行義務が何であるのかを識別することである。すなわち，A社の履行義務が，顧客に対してA社自ら（本人として）商品を提供することなのか，それともB社の代理人として顧客に商品が提供されるよう手配することなのかを識別することである。前者の場合であれば，顧客から受け取る対価総額で収益を計上することになり，後者の場合であれば，B社に対して支払う8,000円を差し引いた残りの2,000円を，手配したことの代価として収益計上することになる。これら2つのうち，いずれをA社の履行義務として識別すべきかについて，適用指針では，顧客に引き渡した商品をA社が**支配**していたかどうかを判断基準としており，商品

の所有権，在庫リスク，価格決定権等がA社側になければ，A社は当該商品を支配していなかったと判断される。

(4) 自社ポイントの付与

【設例10-5】適用指針設例22

　小売業を営むA社は，顧客が商品を10円分購入するごとに1ptを顧客に付与するポイントプログラムを提供している。顧客は，そのポイントを使用して，A社の商品を購入する際に，1pt当たり１円の値引きを受けることができる。x1年度中に，顧客はA社の商品100,000円（独立販売価格も同じ）を現金で購入し，10,000ptを獲得した。A社は商品販売時点で，将来9,500ptが使用されると見込み，10,000ptの独立販売価格を9,500円と見積もった。x2年度末に，A社は使用されると見込むポイント総数を9,500から9,700に更新した。ポイントの使用状況および使用されると見込むポイント総数は次のとおり。

	x1年度	x2年度
各年度に使用されたポイント	4,500	4,000
決算日までに使用されたポイント累計	4,500	8,500
使用されると見込むポイント総数	9,500	9,700

　ポイントの付与は購入時の契約に含まれているものであり，かつ顧客もそれを期待して購入する。そのため，まず，A社の履行義務として，商品100,000円を即時提供することに加えて，ポイント交換時の商品提供義務を識別する必要がある（第２ステップ）。次に，取引価格（収益総額）100,000円を独立販売価格の比率によってこの２つの履行義務に配分する。その際，10,000ptの独立販売価格については，使用見込ポイント数で見積もって9,500円とする。したがって，商品100,000円の即時提供義務の収益額は91,324円

$$\left(= \frac{100,000}{100,000 + 9,500} \times 100,000 \right)，ポイント交換時の商品提供義務は8,676円$$

$\left(= \dfrac{9,500}{100,000 + 9,500} \times 100,000 \right)$ と計算される（第4ステップ）。その上で，商品販売時に，1つ目の履行義務が充足されるので，収益91,324円を認識する。その際，ポイントに関する2つ目の履行義務は未充足の状態にあるので，契約負債として計上する（仕訳①）。なお，**契約負債**とは「財又はサービスを顧客に移転する企業の義務に対して，企業が顧客から対価を受け取ったもの又は対価を受け取る期限が到来しているものをいう」(29号11項)。この契約負債8,676円については，x1年度末までに$\dfrac{4,500}{9,500}$の割合だけ履行義務が充足されたことになるので，4,110円$\left(= 8,676 \times \dfrac{4,500}{9,500} \right)$の収益を認識する（仕訳②）。

x2年度末の計算はやや複雑である。まず，x1年度分を含めたここまでのポイント使用累計に基づき，いったん2年間トータルの収益認識額7,603円を算定する$\left(7,603 = \dfrac{8,500}{9,700} \times 8,676 \right)$。その際，最新の使用見込ポイント総数9,700を用いることに注意する。そうしておいてから，x1年度の収益認識額4,110円を差し引いた残額3,493円をx2年度分の収益認識額として算定する（仕訳③）（以上，第5ステップ）。

仕訳①　商品の販売時

（借）現　　金　100,000　　（貸）売　上　高　91,324

　　　　　　　　　　　　　　　　契約負債　　 8,676

仕訳②　x1年度末

（借）契約負債　　4,110　　（貸）売　上　高　 4,110

仕訳③　x2年度末

（借）契約負債　　3,493　　（貸）売　上　高　 3,493

5 売上原価

　費用の筆頭である売上原価は，顧客に移転した商製品等を構成する原価（支払額），すなわち売上高に対応する原価として計算される。卸売業や小売業の場合には，仕入原価（仕入高）のうち販売された部分が売上原価となる。製造業の場合には，製造原価（製造費用）のうち製品として販売された部分が売上原価となる。一方，未販売の商品や製品の原価は，売上原価とはならない。製造原価は，大きく材料費，労務費および経費からなる。材料費は，木材，鉄板，ガラスなど，製品を製造するために仕入れた材料の原価のうち，製造に使われた部分である。労務費は，工員の賃金や工場事務員の給料のように，製造活動に従事した従業員の人件費である。経費は，材料費や労務費以外の製造原価であり，工場・機械・設備の減価償却費や，工場の水道光熱費などからなる。サービス業の場合にも，顧客にサービスを提供するのに直接要した原価として，売上原価（役務原価）の計算が行われる。たとえば，綜合警備保障（ALSOK）の損益計算書（個別）には売上原価が計上されているのだが，そこに添付されている売上原価明細書をみると，売上原価が大きく労務費，経費および機器・工事原価の３つから構成されている。

6 同一在庫を大量に扱っている場合

【設例10-6】
　次の一連の取引による利益（売上総利益）はいくらか。ただし，小数点以下は四捨五入すること。

　　9月5日　　仕入　30,000円（A商品　@100円×300個）

　　9月12日　　仕入　21,000円（A商品　@105円×200個）

　　9月17日　　売上　48,000円（A商品　@120円×400個）

| 9月23日 | 仕入 | 31,800円 | （A商品　@106円×300個） |
| 9月28日 | 売上 | 36,000円 | （A商品　@120円×300個） |

　同じ在庫（商品，製品，原材料等）を大量に扱っている場合には，先入先出法，総平均法，移動平均法などの方法を使って，売上原価または払出原価を計算する。

(1) 先入先出法

　これは「先に入ってきた（仕入れた）ものから，先に払い出される（販売される）」と考えて，売上原価ならびに期末在庫の原価を算定する方法である。これによれば，17日に販売された400個は，5日に仕入れた300個と12日に仕入れた100個となる。また，28日に販売された300個は，12日の100個と23日の200個となる。よって，売上原価は72,200円※，期末在庫の原価は10,600円（100個@106円），利益は11,800円（＝売上高84,000円−売上原価72,200円）となる。

　※売上原価72,200円＝17日の売上原価40,500円＋28日の売上原価31,700円

> 5日の300個@100円
> ＋12日の100個@105円

> 12日の100個@105円
> ＋23日の200個@106円

(2) 総平均法

　これは一定期間（1ヵ月，1年など）における総仕入額の平均単価を求め，その単価を用いて売上原価を算定する方法である。期末在庫の原価は「仕入総額−売上原価」によって計算する。これによれば，平均単価は104円（≒82,800円÷800個）となるので，売上原価は72,800円（700個@104円），在庫の原価は10,000円（＝82,800円−72,800円），そして利益は11,200円（＝売上高84,000円−売上原価72,800円）と計算される。

(3) 移動平均法

　これは仕入のつど平均単価を求め，その単価を用いて売上原価を算定する

方法である。期末在庫の原価は「仕入総額－売上原価」によって計算する。これによれば，12日の仕入直後の平均単価は102円[※1]となるので，17日の売上原価は40,800円（400個@102円）と計算される。また，23日の仕入直後の平均単価は105円[※2]となるので，28日の売上原価は31,500円（300個@105円）と計算される。その結果，9月の売上原価は72,300円，期末在庫の原価は10,500円（＝82,800円－72,300円），利益は11,700円（＝売上高84,000円－売上原価72,300円）と計算される。

$$※1　12日の仕入直後の平均単価102円 = \frac{30,000円 + 21,000円}{300個 + 200個}$$

$$※2　23日の仕入直後の平均単価105円 = \frac{10,200円 + 31,800円}{100個 + 300個}$$

7 減価償却費

建物や車両，機械，備品など長期にわたり使用するものを購入したときの取得原価（取得に要した費用）については，取得時に一括して費用計上を行うのではなく，時の経過や売上高への貢献度に応じて少しずつ費用を計上していくという方法がとられる。これを**減価償却**という。減価償却の方法には，定額法，定率法，生産高比例法などがある。

【設例10-7】

次の車両の1年目，2年目，3年目の減価償却費はそれぞれいくらか。

取得原価：2,400,000円　　耐用年数：3年

定率法償却率：60%　　　総走行可能距離：100,000km

走行距離：1年目25,000km，2年目40,000km，3年目35,000km

---

(1) 定額法

これは各期の費用が一定になるように計算する方法である。

$$\text{各期の減価償却費} = \frac{\text{取得原価}}{\text{耐用年数}} = \frac{2,400,000\text{円}}{3\,\text{年}} = 800,000\text{円}$$

(2) 定率法

これは初期に費用が大きく，後になればなるほど費用が小さくなるように計算する方法である。

$$\text{各期の減価償却費} = \text{未償却額} \times \text{償却率}$$

1 年目の減価償却費 $= 2,400,000\text{円} \times 60\% = 1,440,000\text{円}$

2 年目の減価償却費 $= (2,400,000\text{円} - 1,440,000\text{円}) \times 60\% = 576,000\text{円}$

3 年目の減価償却費 $= 2,400,000\text{円} - 1,440,000\text{円} - 576,000\text{円} = 384,000\text{円}$

※ 3 年目は，3 年間の合計が取得原価に一致するように計算する。

(3) 生産高比例法

これは売上高への貢献度（走行距離）に応じて費用を計算する方法である。

$$\text{各期の減価償却費} = \text{取得原価} \times \frac{\text{当期走行距離}}{\text{総走行可能距離}}$$

1 年目の減価償却費 $= 2,400,000\text{円} \times \dfrac{25,000\text{km}}{100,000\text{km}} = 600,000\text{円}$

2 年目の減価償却費 $= 2,400,000\text{円} \times \dfrac{40,000\text{km}}{100,000\text{km}} = 960,000\text{円}$

3 年目の減価償却費 $= 2,400,000\text{円} \times \dfrac{35,000\text{km}}{100,000\text{km}} = 840,000\text{円}$

8 建設業の損益計算

建設業の損益計算については，従来，工事完成基準と工事進行基準の 2 通りの方法が認められてきた。**工事完成基準**とは，建設工事が完了し，顧客に完成した目的物を引き渡したときに，工事契約から得られる収入額を売上高

として認識するとともに，それに対応する工事原価（支出額）を売上原価として認識する方法である。これは，製造業において，製品の引渡し時に売上高を認識するとともに，それに対応する製品原価を売上原価として認識するのと同じ考え方である。一方，**工事進行基準**とは，建設工事の完成まで待たずに，工事の進み具合（工事進捗度）に応じて，売上高と売上原価を徐々に認識していく方法である。たとえば，当期において工事が20％進んだとすれば，工事収益総額（請負額）のうちの20％を売上高として計上するのである。売上原価については通常，工事原価の発生額が進捗度を反映しているとの考えの下，工事原価発生額をそのまま売上原価として計上する。その場合，工事進捗度は次の計算式により見積もられる。この工事進捗度の計算方法は**原価比例法**と呼ばれる。

$$工事進捗度 = \frac{工事原価発生額}{工事原価総額（見積）} \times 100 （\%）$$

　29号の下では，従来の工事完成基準と工事進行基準に加えて，原価回収基準という方法が新しく認められるようになった。**原価回収基準**とは「履行義務を充足する際に発生する費用のうち，回収することが見込まれる費用の金額で収益を認識する方法」（29号15項）である。ただし，これら3つの方法は，任意に選択適用できるというわけではない。契約上の履行義務が一定の期間にわたり充足されるものか，それとも一時点で充足されるものかを判断し，前者の場合で，かつ進捗度を合理的に見積もることができる場合には工事進行基準を適用し，後者の場合には工事完成基準を適用するのである。そして，前者の場合で，進捗度を合理的に見積もることができないが，履行義務を充足する際に発生する費用ないし原価を回収できると判断される場合（つまり工事原価総額が工事収益総額を下回ると判断される場合）には，進捗度を合理的に見積もることができるようになるまで，原価回収基準を適用する。

(1) 工事進行基準の計算例

【設例10-8】適用指針設例32改題
　工事契約の施工者であるA社は，x1年度期首に，橋梁の建設についての契約を締結した。契約で取り決められた工事収益総額は10,000円である。橋梁の完成には3年を要する。各年度の工事原価発生額，工事原価総額（見積額），工事進捗度等は次のとおりである。

	x1年度	x2年度	x3年度
工事原価の過年度発生額累計	—	1,800	4,400
工事原価の当期発生額	1,800	2,600	4,100
完成までに要する工事原価（見積）	7,200	4,400	—
工事原価総額（見積）	9,000	8,800	8,500
決算日における工事進捗度	20%	50%	100%

　　　x1年度の進捗度20％＝1,800円／9,000円×100
　　　x2年度の進捗度50％＝（1,800円＋2,600円）／8,800円×100

　この設例を使って，工事進行基準の場合の損益計算書（売上総利益まで）を作成すると次のようになる。売上原価は，工事原価発生額で計上する。

	x1年度	x2年度	x3年度	合計
売上高（完成工事高）	2,000	3,000	5,000	10,000
売上原価（完成工事原価）	1,800	2,600	4,100	8,500
売上総利益（完成工事総利益）	200	400	900	1,500

　　　x2年度の売上高＝収益総額×x2年度末進捗度－x1年度売上高
　　　　　　　　　　　＝10,000円×50％－2,000円

(2) 原価回収基準の計算例

　【設例10-8】を若干変更し，完成までに要する工事原価を合理的に算定できない，工事原価発生額が進捗度を反映しているとみなせないなどといった理由から，x3年度まで工事進捗度を合理的に見積もることができないとする。

この場合，原価回収基準が適用されて，損益計算書は次のようになる。

	x1年度	x2年度	x3年度	合計
売上高（完成工事高）	1,800	2,600	5,600	10,000
売上原価（完成工事原価）	1,800	2,600	4,100	8,500
売上総利益（完成工事総利益）	0	0	1,500	1,500

【参考文献】◇◇

　企業会計基準委員会［2018］「企業会計基準第29号　収益認識に関する会計基準」。

　企業会計基準委員会［2018］「企業会計基準適用指針第30号　収益認識に関する会計基準の適用指針」。

　企業会計基準委員会［2020］「改正企業会計基準第29号 収益認識に関する会計基準」。

　企業会計基準委員会［2020］「改正企業会計基準適用指針第30号 収益認識に関する会計基準の適用指針」。

　佐々木隆志［2013］「二つの損益計算思考の接合に関する一考察」『會計』第184巻第1号，pp.16-28。

　佐々木隆志［2019］「収益認識に関する総合的検討」『會計』第195巻第3号，pp.1-11。

確認テスト

① 収益認識の基本原則と5ステップについて説明しなさい。

② 売上高，売上原価とは何かを簡潔に説明しなさい。また，それぞれの中身について，特定の業種を念頭に置いて具体的に説明しなさい。

③ A社は，商品販売と保守サービス提供（5年間）の2つの履行義務を含む契約をB社と当期首に結び，代金として46,000円を現金で受け取り，すぐさま商品を引き渡した。なお，その商品と保守サービスの独立販売価格はそれぞれ40,000円，10,000円である。当期の収益はいくらか。

本章のもうチョッと‼

EY新日本有限責任監査法人編［2022］『図解でスッキリ 収益認識の会計入門（第2版）』中央経済社。

あずさ監査法人編［2020］『図解 収益認識基準のしくみ（改訂版）』中央経済社。

貝沼彩・照井慎平・西澤拓哉・三上光徳［2019］『現場の視点で疑問に答える収益認識［会計・法務・税務］Q&A』清文社。

桜井久勝［2023］『財務会計講義（第24版）』中央経済社。

佐藤信彦［2023］『税理士試験 財務諸表論の要点整理（第14版）』中央経済社。

日本橋アカウンティングサービス・朝日ビジネスソリューション・朝日税理士法人編［2019］『業種別・収益認識基準の適用実務』中央経済社。

第11章

コーポレート・ガバナンスと会計監査

本章のズバッ！と

□コーポレート・ガバナンスとは，一般に「企業統治」と訳され，企業の不正行為の防止や企業価値創造に向けての有効な企業経営の仕組みのことをいう。

□監査とは，独立した第三者が信頼性を付与する行為である。企業の監査には，内部の経営者のための内部監査と，外部の投資家や利害関係者のための外部監査がある。外部監査を通常，会計監査という。

□財務諸表を利用する場合，まず監査人の意見を確認することが重要である。

キーワード

コーポレート・ガバナンス，内部統制，独立性，監査報告書，監査上の主要な検討事項

〈エピソード16〉関西電力のガバナンス崩壊（一部省略）

「江戸時代の話か。時代錯誤も甚だしい」「あり得ない。東芝の不正会計も驚いたが，それを遥かに上回る」……。

関西電力経営陣による金品受領問題は，弁護士や会計監査の大学教授らコーポレート・ガバナンス（企業統治）にたずさわる人たちに大きな衝撃を与えた。落胆の余り，二の句が告げない人もいた。

この十年余り，日本の企業統治は格段に向上してきたが，そのリーディングカンパニーに裏切られた形だ。直近の売上高は３兆３千億円，従業員は約３万３千人。社外取締役が４人，社外監査役４人と監視体制は整っている。監査役室のスタッフは13人で，通常の上場企業は１〜３人ほどで，他社に比べて格段に充実している。経営監査室もあり，社内と社外（弁護士事務所）の内部通報制度ももうけられ，内部統制システムは，万全な体制だった。それなのに１週間に２度の記者会見を余儀なくされたほか，当初は数十万円のスーツの仕立券を社会的に儀礼の範囲にするなど説明も二転三転した。金品受領の発覚も共同通信などマスコミの報道がきっかけだった。

企業の内部統制などに詳しい松本祥尚・関西大学教授は「最初の記者会見での説明は虚偽で，世間を欺いたとの批判は免れない。悪いと分かっていたから，儀礼の範囲を拡大解釈するなどして社長や原発部門を守ろうとしたのだろう。公益事業を担っているという意識が低い。社内調査の報告書も社内役員が入る組織がまとめたもので，説得力はない」と手厳しい。

監査役会にも報告があったという。監査役は取締役の業務執行の違法性や妥当性をチェックするのが仕事で，社長にモノを言うガバナンスの要とも言われる。日本監査役協会幹部は「監査役会は直ちに第三者による調査委員会を設けるように動くべきだ。そのうえで関係者の処分や公表を検討すべきケースだ。一体何をしていたのか」といぶかる。（一部省略）

（朝日新聞デジタル論座，2019年10月６日）

〈エピソード17〉不適切会計が上半期で36件，過去最多ペース
　　　　　　　投資家保護の仕組みを

　企業の会計や経理をめぐり不適切な事例が相次いでいる。調査会社の東京商工リサーチが全上場企業の決算に影響がありそうなものをまとめたところ，今年上半期（1〜6月）に開示された不適切な会計・経理は35社，36件あった。過去最多だった2019年の上半期を上回るペースだ。コロナ禍もあって21年は減ったが22年から増加傾向で，決算の信頼性が問われている。

　キャラクターグッズ販売のサンリオは，ライセンス料の売り上げ計上時期が操作された疑いがあると2月に公表した。外部の弁護士や公認会計士による調査委員会は，15年度から22年12月末までの売り上げが数百万円から数千万円の間で操作され，売上高と営業利益が累計で約1億円過少に計上されていたことを認定した。担当者が代わっても不適切な操作は引き継がれており，報告書は「ライセンス営業本部の風土としてコンプライアンス意識に欠けるところがあった」などとした。（一部省略）

（朝日新聞デジタル記事，2023年7月14日）

1 コーポレート・ガバナンス

(1) コーポレート・ガバナンスの動向

　コーポレート・ガバナンスとは，一般に「企業統治」と訳され，企業の不正行為の防止や企業価値創造に向けての有効な企業経営の仕組みのことをいう。法律上，企業は株主のものであるため，コーポレート・ガバナンスの目的は企業価値の増大となる。しかし日本では，極端に強いオーナー支配や，従業員から内部昇格した経営陣が主体の企業で曖昧な経営責任が表面化した。

コーポレート・ガバナンスは，一般に①企業の不正行為の防止に向けた経営者への権力の集中に対する取締役会の独立性と機能強化，②株主利益の最大化のための，企業価値創造という2つの視点で論じられる。

　株主利益を守るという目的を「法令遵守」におくか，その先にある「企業価値創造」におくかで，①と②のいずれかに分かれる。このうち①に視点をおいた場合には，適切な財務報告を行うための内部統制は，コーポレート・ガバナンスのためのツールの1つとなる。つまり，内部統制制度を遵守し，これに基づいた会社の規定の整備などを行い，株主への適切な報告を確保することは，コーポレート・ガバナンスを支える必要条件になる。

　コーポレート・ガバナンスに関して，**内部組織形態**と**外部報告**から考えてみたい。

　指名委員会等設置会社とは，日本における株式会社の**内部組織形態**に基づく分類の1つであり，取締役会の中に指名委員会，監査委員会および報酬委員会をおく株式会社をいう（会社法2条12号）。指名委員会等設置会社は，従来の株式会社とは異なる企業のコーポレート・ガバナンスを有する。取締役会の中に社外取締役が過半数を占める委員会を設置し，取締役会が経営を監督する一方，業務執行については執行役に委ね，経営の合理化と適正化を目指した。

　2015年には，新たに**監査等委員会設置会社**という過半数の社外取締役を含む取締役3名以上で構成される監査等委員会が，取締役の職務執行の監査を担う機関設計として創設された（会社法2条11号の2）。

　外部報告の動きとしては，有価証券報告書[1]の「提出会社の情報」において，「コーポレート・ガバナンスの状況」の項目に以下の開示が行われている。

①会社の機関の内容

②内部統制システムの整備の状況

③リスク管理体制の整備の状況

④役員報酬の内容（社内取締役と社外取締役に区分した内容）

⑤監査報酬の内容（監査契約に基づく監査証明にかかる報酬とそれ以外の報酬に区分した内容）

2 コーポレート・ガバナンスと内部統制

内部統制論からより良いプラクティスを探るアプローチを考えてみよう。1992年のアメリカにおける**トレッドウェイ委員会支援組織委員会（COSO）**が作成した**内部統制の統合的枠組み（COSOフレームワーク）**での広義の内部統制を行うことで，企業としてのパフォーマンスを向上させることができるとするものである。

COSOフレームワークでは，内部統制の内容や目的について次のとおり定義している。

- 内部統制とは，企業のあらゆる階層の人々が遂行するプロセスである。
- 内部統制は，経営の目的の達成について合理的な保証を提供するものである。
- 内部統制の目的は，①業務の有効性と効率性の確保，②財務報告の信頼性の確保，③法規制に対する遵守，にある。

元来，内部統制は経営者や管理者が行うものという考え方もある。しかし

---

1) 有価証券報告書はEDINETにより開示されている。EDINET（Electronic Disclosure for Investors' NETwork）は，『金融商品取引法に基づく有価証券報告書等の開示書類に関する電子開示システム』のことで，提出された開示書類について，インターネット上においても閲覧を可能とするものである（http://info.edinet-fsa.go.jp/）。有価証券報告書以外の情報源として，決算短信やアニュアル・レポートがある。

COSOフレームワークでは，内部統制は企業の人々が日常業務の中に組み込んで実施する業務および経営管理上のツールであり，企業のすべての人々の自主的な行動およびチームとしての協働活動であるとしている。また，いかに有効な内部統制を構築しても，判断や処理の誤り，従業員の共謀や経営者の独断などにより内部統制が正常に機能しないことがあるなどから，内部統制の限界も意識して，「絶対的な保証」ではなく「**合理的な保証**」を提供するものとしている。

さらに，内部統制の水準は，その構築の便益関係で決定されるものであるとしている。内部統制が弱すぎると企業価値が失われ，内部統制が過剰であれば企業価値の創造が妨げられる。その意味で，業務の有効性と効率性の確保という視点を内部統制の定義の中に取り入れている。

COSOフレームワークは，内部統制を構成する要素として，①統制環境，②リスクの評価，③統制活動，④情報と伝達，⑤監視の5つを指摘している。この要素の1つにリスクの評価が含まれていることからわかるように，内部統制自体がリスクと深くかかわるものである。

その後，COSOフレームワークは，全社的リスクマネジメント（Enterprise Risk Management：ERM）へと発展している。ここで，ERMは，事業目的の達成に関して合理的な保証を提供するプロセスとしており，対象とする「事業目的」には，従来の内部統制の3つの目的に，新たに「戦略」が加えられている。ERMはCOSOフレームワークの内部統制の考え方と総合的なリスク評価を踏まえたリスクマネジメントとを統合させる考え方を示している。

2013年5月，COSOは，内部統制の統合的枠組みを改訂し，公表した。内部統制の核となる定義は変わらないが，内部統制の定義に出てくる3つの目的と5つの構成要素のうち，「財務報告目的」は，「報告目的」へ変更され，非財務報告分野も含めるよう範囲が拡大された。構成要素の「モニタリング」

は「モニタリング活動」へ名称変更された。そして構成要素ごとに「原則」を設け，その原則に対して複数の「着眼点」を与えている。17原則のすべての原則を適用することで，有効な内部統制を達成することができるとされている。

それを受けて，2017年にはERMフレームワークの改訂版が公表された。そこでは戦略策定プロセスと実績の検討時の両方でリスクを考慮する重要性が強調されている。わが国では，2014年にスチュワードシップ・コード，続いて2015年にコーポレートガバナンス・コードが制定（2021年改訂）され，一連の改革はコーポレート・ガバナンスも企業の成長を促進するための攻めのコーポレート・ガバナンスであることが強調されている。

3 企業の内部統制の強化

相次ぐ不祥事の発生により，企業の社会的責任が問われる中，企業の内部統制強化にかかる法律や規制制定を契機とした内部統制への意識の高まりがみられた。これらの法律等への対応にあたり，わが国企業は自社における内部統制のあり方の見直しや再構築を求めることになった。

わが国の内部統制においては，金融商品取引法の第24条4の4で義務づけている財務計算に関する書類およびその他の情報の適正性を確保する体制を評価した報告書（内部統制報告書）の提出，第24条4の6に記載されている内部統制報告書の虚偽記載に関する提出書類の役員等の賠償責任などがその内容となっている。企業が実際にどのような準備や体制を整えなければならないかという具体的な内容は，2007年2月（改訂2023年4月7日）に金融庁企業会計審議会内部統制部会において「財務報告に係る内部統制の評価及び監査の基準並びに財務報告に係る内部統制の評価及び監査に関する実施基準（意見書）」（以下，意見書）を公表している。

意見書では、内部統制とは基本的に、「業務の有効性および効率性」「報告の信頼性」「事業活動に関わる法令等の遵守」ならびに「資産の保全」の4つの目的が達成されているとの合理的な保証を得るために、業務に組み込まれ、組織内のすべての者によって遂行されるプロセスをいい、その基本的要素である「統制環境」「リスク評価と対応」「統制活動」「情報と伝達」「モニタリング」「IT（情報技術）への対応」があげられていた。改訂された意見書（2023年）では内部統制制度の実効性を高めるために後述するリスクアプローチを徹底した。主な改正点は次のとおりである（持永［2023］p.16）。

①「財務報告」の信頼性から財務報告以外も含む「報告」の信頼性に範囲を拡大

②ITへの対応を適時に行うことを明示

③内部統制とガバナンスおよび全社的なリスク管理とを一体的に整備・運用する重要性を強調

④内部統制の評価および報告における経営者と監査人との協議は必要に応じて実施

⑤内部統制報告書において記載すべき事項の明示

⑥前年度に開示すべき重要な不備を報告した場合、その是正状況を付記事項の一つに追加

⑦監査人が実効的な内部統制監査を実施するため、財務諸表監査の実施過程において入手する監査証拠を活用し、経営者との適切な協議を行うことの重要性に言及

⑧「内部統制は有効でない」旨の記載をする場合、その旨を監査人の意見を含めて記載

また、会社法では、「取締役の職務の執行が法令および定款に適合することを確保するための体制」（法362条4項6号）でITを含むコーポレート・ガバナンスの必要性を述べるとともに「損失の危険の管理に関する規程その他の体制」（施行規則100条1項2号）からはリスクの整備が要請されている。

4 会計監査

(1) 監査の意義

　監査とは，独立した第三者が信頼性を付与する行為である。企業の監査には，内部の経営者のための**内部監査**と，外部の投資家や利害関係者のための**外部監査**がある。外部監査を通常，**会計監査**という。

　会計監査の目的はあくまでも財務諸表の「保証」であるが，社会からの公認会計士に対する認識は「不正を摘発」することだと思われている。これを**期待ギャップ**という。

　会計監査には限界があることをあらかじめ理解しておかなければいけない。現代の会計監査の限界とは①試査で実施されること，②経営者の関与した共謀により巧妙に行われた取引には対応することが難しいこと，③経営者の見積りや判断に対して監査の主観性がみられることである（千代田［2006］pp.10-11）。

(2) 会計監査の種類

　公認会計士の業務は監査証明業務と非監査証明業務に分けられる。後者は経営支援業務（MAS業務）と呼ばれ，いわゆるコンサルタント業務である。監査証明業務が公認会計士の主な業務となり，その代表的なものは次のとおりである。

　公認会計士または監査法人[2]による会計監査は，他人の求めに応じ報酬を得て，財務書類の監査証明や財務に関する立案等を業として営むことを認めた職業専門家である。

---

2)　監査法人は，社員となろうとする5名以上の公認会計士が共同して設立した法人をいう。

①会社法に基づく計算書類等の監査

　資本の額が５億円以上または負債総額が200億円以上の大会社が対象となる。大会社に対して計算書類や連結計算書類の監査を受けることを要求している。

②金融商品取引法に基づく財務諸表監査

　上場企業は，財務諸表と連結財務諸表の監査を受けることが強制されている。なお四半期報告書は廃止され2024年４月から決算短信に一本化される。

(3) 監査役，監査委員会による会計監査

　監査役は取締役の職務の執行を監査する。業務の適法性，誠実性の監査がその業務となる。

①大会社

　大会社（資本の額が５億円以上または負債総額が200億円以上）では監査役または監査委員会による会計監査，業務監査が行われる。

②それ以外

　それ以外においても監査役による会計監査と業務監査が行われるが，例外として公開会社以外でかつ大会社以外の会社に限って定款で定めれば，会計監査に限定することができる。

　会計監査とは計算書類等（財務諸表のこと）の監査，業務監査とは会社の業務全般の監査を意味する。

(4) 専門職としての公認会計士

　公認会計士は，医師，弁護士等と同様にプロフェッション（専門職）とされ，欧米では会計分野の業務は専門職が独占的に行うものである。公認会計士の資質として求められるものは，独立性つまり偏りのない第三者の立場を

守ることであり，その上で専門性，つまり会計や監査の知識や経験，そして倫理観が求められる。

　日本公認会計士協会倫理規定第16条では**精神的独立性**と**外観的独立性**に分けて双方を保持しなければならないとしている。

　精神的独立性とは，専門家としての判断を危うくする誘因や圧力に影響されることなく意見を表明できる精神をもち，誠実に行動し，公正性と専門家としての懐疑心を堅持できることをいう。

　外観的独立性とは，適用される法律や規則をはじめすべての関連情報を知っている第三者から，会員または保証業務チームの構成員の誠実性，公正性もしくは専門家としての懐疑心が損なわれていると合理的に判断される重要な事実および状況がないことをいう。

　日本の**公認会計士試験**の受験には学歴などの要件はない。短答式試験（財務会計論，管理会計論，監査論，企業法）に合格後，論文式試験（会計学，監査論，企業法，租税法，その他経営学，経済学，民法，統計学の選択科目１科目）を受験し合格する。短答式科目の一部が免除になる会計専門職大学院（アカウンティングスクール）がある。その後，２年間の業務補助等と実務補習終了後，日本公認会計士協会（JICPA）の修了考査に合格すると公認会計士として登録できる。

　その後，公認会計士としての資質の維持・向上および公認会計士の監査環境等の変化への適用を支援するために，公認会計士協会では，会員に対して研修制度を義務づけており，これを**継続的専門能力開発（CPD）制度**という。

(5) 監査基準

　一般に公正妥当と認められる監査基準は，監査に関する基本原則を定めた「監査基準」（企業会計審議会，公的部門）と，監査の実施に際しての具体的か

つ個別的な規則や指針を定めた「倫理規則，各種委員会報告書」（日本公認会計士協会，私的部門）から構成される。

監査基準の設定の役割には①利害関係者に，財務諸表監査の意義と目的を正しく理解させること，②監査人に，監査制度が期待している財務諸表の信頼性の保証水準を明示し，達成させること，③被監査会社に，監査業務の内容を正しく理解させ，監査の受け入れ体制を整備させること（特に内部統制の整備）がある。

監査基準（2019年）の構成は，図表11-1のようになっている。

図表11-1　監査基準の構成

第一　監査の目的	監査基準の本文ではないが，監査基準の趣旨と内容を解説しているので，同基準の一部である。
第二　一般基準	監査人の適格性に関する条件・業務上遵守すべき規範ならびに監査業務全般についての基準である。
第三　実施基準	監査の実施を規制する基準で，監査全般に対する基準を示した上で，監査計画を策定し，監査の実施に至る監査プロセスを規定している。その内容は，(1)基本原則，(2)監査計画の策定，(3)監査の実施，(4)他の監査人等の利用である。
第四　報告基準	監査結果の報告を規制する基準であり，監査人が監査の実施を通じて自己の意見を形成し，意見を表明するための判断基準とその判断を監査報告書に記載する内容を定めている。その内容は，(1)基本原則，(2)監査報告書の記載区分，(3)無限定適正意見の記載事項，(4)意見に関する除外，(5)監査範囲の制約，(6)継続企業の前提，(7)監査上の主要な検討事項，(8)追記情報，(9)特別目的の財務諸表に対する監査の場合の追記情報である。

(6) 会計監査の実施

現代の会計監査では，**リスクアプローチ**という手法がとられる。リスクアプローチの目的とは，全項目を網羅的に監査を行うのではなく，虚偽表示の可能性（リスク）を分析し，虚偽の表示の可能性が高い事項に監査の人員や

時間を当てることで監査の目的を効果的かつ効率的に達成することにある。

　監査の実施に際しては，有効性と効率性に配慮し，財務諸表における重要な虚偽記載を見過ごさないように**リスクアプローチ**を用いて計画を立案する。監査人が監査意見を述べる際には，財務諸表の各項目，構成する要素となる取引や会計事象の正確性を確かめなければならない。その確かめるべき目標を**監査要点**といい，これに適合した十分かつ適切な監査証拠を入手するため監査手続を実施する。

　監査要点の要素には図表11-2のような６項目がある。

図表11-2　監査要点

実在性	資産・負債が一定時点において実在し，記録された取引は一定期間において実際に発生していること
網羅性	一定期間において発生し，その期間に認識されるべき取引の記録に漏れがないこと
権利と義務の帰属	資産・負債が一定時点において会社に帰属していること
評価の妥当性	資産・負債・取引が会計原則に準拠して適切な額で記録されていること
期間配分の適正性	収益・費用が適切な期間に配分されていること
表示の妥当性	財務諸表の項目が適切に分類・表示されていること

　監査要点を設定した後には，監査リスクを合理的に低い水準に抑える必要がある。それぞれの経営者が主張する重要な虚偽表示のリスクに応じ，内部統制の運用状況の評価手続，**実証手続**を行う。これを実施するのに特定の監査要点に対してどのような手段や方法をとるのか，すなわち図表11－3に示す，監査証拠を入手するための**監査手続**を選択することになる。

図表11−3　監査手続

(1) **閲覧及び実査**　記録や文書の閲覧は，紙媒体，電子媒体又はその他の媒体による企業内外の記録や文書を確かめる監査手続であり，また，実査は資産の現物を実際に確かめる監査手続である。

(2) **観察**　観察は，他の者が実施するプロセスや手続を確かめる手続であり，例えば，企業の従業員が実施する棚卸資産の実地棚卸状況や統制活動の実施状況を監査人が観察する手続である。

(3) **確認**　確認は，紙媒体，電子媒体又はその他の媒体により，監査人が確認先である第三者から文書による回答を直接入手する監査手続である。

(4) **再計算**　再計算は，記録や文書の計算の正確性を監査人自らが計算し確かめる監査手続である。

(5) **再実施**　再実施は，企業が内部統制の一環として実施している手続又は内部統制を監査人が自ら実施することによって確かめる手続である。

(6) **分析的手続**　分析的手続は，監査人が財務データ相互間又は財務データ以外のデータと財務データとの間に存在すると推定される関係を分析・検討することによって，財務情報を評価する監査手続である。また，分析的手続には，他の関連情報と矛盾する，又は監査人の推定値と大きく乖離する変動や関係の調査も含まれる。

(7) **質問**　質問は，監査人が財務又は財務以外の分野に精通している企業内外の関係者に情報を求める監査手続である。

出所：日本公認会計士協会「監査基準委員会報告書500「監査証拠」」。

(7) 経営者及び監査役等の責任

　監査人は**独立監査人の監査報告書（監査報告書）**を作成することで，自らの責任の範囲を明確にする。つまり財務諸表を作成する責任や財務報告プロセスを監視する責任は，経営者及び監査役等であり，監査人はその財務諸表の監査結果（意見表明）のみ責任を負うというものである。

　したがって，財務諸表に虚偽の表示があってもその作成責任を負うのは経営者及び監査役等であり，監査人は責任を負うことはない。逆に監査の意見表明に問題があったとしても，意見表明責任は監査人にあり，経営者及び監査役等にはない。

(8) 監査報告書

　監査報告書は，監査を実施した監査人が，会社の取締役会あてに作成する。監査報告書は，「監査人の意見」，「監査の根拠」，「経営者及び監査役等の責任」，「監査人の責任」に区分した上で記載しなければならない。

　監査人は，以下の事項を監査報告書に記載するにあたっては，別に区分を設けて，意見の表明とは明確に区別することになっている。
　① 継続企業の前提に関する事項
　② 監査上の主要な検討事項
　③ 財務諸表の記載について強調する必要がある事項および説明を付す必要がある事項

　監査報告書に記載される**監査意見**には図表11-4のようなものがある。監査に問題がなければ**無限定適正意見**が記載される。したがって，財務諸表を利用する場合，まず監査意見を確認することが重要である。

図表11-4　監査意見

無限定 適正意見	財務諸表が，一般に公正妥当と認められる企業会計の基準に準拠して，企業の財政状態，経営成績およびキャッシュフローの状況をすべての重要な点において適正に表示していると監査人が判断したときに表明する意見
限定付 適正意見	財務諸表を全体として虚偽の表示にあたるとするほどではないか，または不適正意見を表明するほどではないと監査人が判断したときに表明する意見
不適正意見	財務諸表が全体として虚偽の表示にあたると監査人が判断したときに，表明する意見
意見不表明 （意見差控）	監査報告にあたって，自己の意見を形成するに足る合理的な基礎（監査証拠）を得ることができなかった場合

(9) 監査上の主要な検討事項

　2017年10月企業会計審議会監査部会において，会計監査の透明性を向上させ，監査報告書の情報価値を高めることで，(1)財務諸表利用者の会計監査や

企業の財務諸表に対する理解が深まるとともに，企業との対話が促進され，
(2)財務諸表利用者や監査役等が，会計監査の品質を評価するための情報とな
り，(3)監査人・経営者・監査役等の間のコミュニケーションのさらなる充実
により，コーポレート・ガバナンスの強化や，会計監査上のリスク認識の共有
による適切な監査の実施につながる効果が確認・共有された。**監査上の主要な
検討事項**（Key Audit Matters：KAM）は，監査人が特に重要と判断した事
項をいい，監査役等に伝達した事項の中から選択される。また，企業の未公
表情報であっても，監査上の主要な検討事項の記載に必要な事項は開示される。

5 監査における不正リスク対応

　金融庁は相次ぐ企業の会計に絡む不祥事を受けて，公認会計士が監査する
際の手続などを定めた監査基準を見直した。監査を担当する会計士が交代す
る際の引き継ぎや，リスクの高い企業への監視体制の整備など，企業の不正
行為に対応する手続を新たに定めた。公認会計士らに意識改革を促し，不正
の抑制を目指すことになった。

　2011年5月30日に開いた企業会計審議会の監査部会で議論を開始し，2013
年3月に「監査における**不正リスク対応基準**」（**不正リスク対応基準**）を取り
まとめた。財務諸表監査による「重要な虚偽表示のリスク」を**不正リスク**と
定義している。

　不正リスク対応基準は①「職業的懐疑心の強調」②「不正リスクに対応し
た監査の実施」，③「不正リスクに対応した監査事務所の品質管理」の3点
から構成されている。特に②「不正リスクに対応した監査の実施」では，不
正リスク有無を判定するため，典型的な不正リスクの要因を記載した例示や，
虚偽表示を示唆する状況の例示を付録として付けている。

　財務諸表の個別項目だけでなく，財務諸表全体に不正リスクがある場合は，監査計画の修正とともに「抜き打ち監査」など企業が想定しない要素を組み込むことが有用であるとしている。そのほかに，企業の監査役との連携についても明記している。

参考文献 ◇◇

青野奈々子［2019］『不正事例で基礎から学ぶコーポレートガバナンス新時代の内部統制』第一法規。

金融庁企業会計審議会［2007］「財務報告に係る内部統制の評価及び監査の基準並びに財務報告に係る内部統制の評価及び監査に関する実施基準（意見書）」2月15日。

金融庁企業会計審議会［2023］「財務報告に係る内部統制の評価及び監査の基準並びに財務報告に係る内部統制の評価及び監査に関する実施基準の改訂について（意見書）」4月7日。

金融庁企業会計審議会監査部会［2013］「監査基準の改訂及び監査における不正リスク対応基準の設定について」3月13日。

金融庁企業会計審議会［2013］「監査基準の改訂及び監査における不正リスク対応基準の設定に関する意見書」3月26日。

神戸大学会計学研究室［2012］『会計学基礎論（第四版補訂版）』同文舘出版。

千代田邦夫［2006］『現代会計監査論』税務経理協会。

トレッドウェイ委員会支援組織委員会（COSO），鳥羽至英・八田進二・高田敏文共訳［1996］『内部統制の統合的枠組み 理論篇』白桃書房。

トレッドウェイ委員会支援組織委員会（COSO），八田進二監訳［2006］『全社的リスクマネジメント フレームワーク篇』東洋経済新報社。

トレッドウェイ委員会支援組織委員会（COSO），八田進二・箱田順哉監訳［2014］『COSO内部統制の統合的フレームワーク』日本公認会計士協会出版局。

持永勇一［2023］「財務報告の信頼性を向上させる内部統制へ」『企業会計』Vol.75 No.6, pp.16-23。

日本公認会計士協会［2012］「監査・保証実務委員会実務指針第85号「監査報告書の文例」の改正について」4月10日。

藤井則彦・山地範明［2011］『ベーシックアカウンティング（改訂版）』同文舘出版。

盛田良久・百合野正博・朴大栄［2017］『はじめてまなぶ監査論』中央経済社。

山浦久司［2015］『監査論テキスト（第6版）』中央経済社。

確認テスト

次の文章の（　）に当てはまる言葉を答えなさい。

① 監査基準は，目的基準，（ 1 ）基準，実施基準，報告基準から構成されている。

② 日本の内部統制のフレームワークは（ 2 ），（ 3 ），（ 4 ），（ 5 ）の4つの統制目的と（ 6 ），（ 7 ），（ 8 ），（ 9 ），（ 10 ），（ 11 ）の6つの基本的要素から構成されている。

③ 棚卸資産の実在性を監査人自らが検査する監査手続を（ 12 ）という。また，監査人が外部の取引先から文書により回答を入手する方法を（ 13 ）という。

④ 独立監査人の監査報告書において，（ 14 ）事項の影響により無限定（ 15 ）意見を表明することができないが，財務諸表を全体として虚偽の表示にあたるとするほどではないと監査人が判断したときに表明する意見を（ 16 ）という。

⑤ 財務諸表の作成責任や報告プロセスを監視する責任は（ 17 ）及び監査役等にあり，一方，その監査責任は（ 18 ）にある。

⑥ 監査要点とは，個々の勘定科目や（ 19 ）などに対して設定される具体的な（ 20 ）である。

⑦ 監査の独立性には（ 21 ）独立性と（ 22 ）独立性がある。

発展テスト

① 内部統制とコーポレート・ガバナンスの関係について述べなさい。

② 財務諸表を利用する場合，まず監査人の意見を確認する必要があるのはどうしてか。

③ どのような背景で監査上の主要な検討事項（KAM）が導入され，KAMは何を目的にしているか調べなさい。

④ 人工知能（AI）が会計監査の業務のあり方にどのような影響を与え，どのように変えてゆくのかを考えなさい。

本章のもうチョッと!!

八田進二・堀江正之・藤沼亜起［2019］『【鼎談】不正—最前線 〜これまでの不正，これからの不正〜』同文舘出版。

林隆敏［2019］『監査報告書の変革—欧州企業のKAM事例分析—』中央経済社。

蟹江章他編［2022］『スタンダードテキスト監査論（第6版）』中央経済社。

第12章

グローバル管理会計

本章のズバッ！と

□管理会計は，企業内部の経営管理者各階層に必要な会計情報を提供することを目的としているので，その情報は，主に有用性と目的適合性をもつものである。

□グローバル化とは，企業が地球的規模で活動し，世界的なネットワークや国際分業体制を確立していくプロセスをいう。

□グローバル企業の行う管理会計をグローバル管理会計といい，その実務的課題は，主にグローバル戦略に基づいた戦略目標に到達できるよう海外子会社を適切にコントロールすることであり，海外子会社の業績を適正に評価することである。

□日本のグローバル企業は，マネジメント・コントロールの一環として予算を活用するが，その予算は，多くの企業で日本の本社（親会社）が策定している。

□海外子会社の業績評価は，売上高や利益額など主に財務指標に基づくが，非財務指標を加味することで適切な業績評価が可能となる。

キーワード

戦略管理会計，グローバル企業，グローバル戦略，海外子会社の予算管理，海外子会社の業績評価

1 管理会計の意義と役割

(1) 管理会計の意義と内容

　第1章3「財務会計と管理会計」において，**管理会計**とは「企業の内部情報利用者である経営者等が企業経営上の意思決定を行うのに必要な原価計算や予算管理のほか，業績評価に関する情報を作成して，企業経営に利用することを目的としている」ということを学んだ。管理会計で重要な点は，管理会計情報を企業の経営者および経営管理者各階層（以下，経営者等という）が利用するという点である。ここでは，もう少し詳しく管理会計の内容について解説しておこう。

　管理会計は，財務会計のような過去の実績情報だけでなく，今年度の実績に基づき来年度の利益計画やそれに基づく予算管理を行うなど，未来を予測する会計事象を対象とし，それらを実現するための**未来の予測情報**を提供するものである。その管理会計情報は，経営者等の経営上の意思決定に役立つものであるから，その情報は**有用性**をもち，経営者等の**目的に適合**するものでなければならない。また，管理会計情報は，企業の内部で経営者等が活用するものであり，外部の利害関係者に報告する必要はないので，財務会計とは異なり法による**規制は必要とされない**。

図表12-1　財務会計と管理会計の相違点

	財務会計	管理会計
目的	会計情報の開示	経営管理の支援
情報利用者	外部の利害関係者	内部の経営者等
対象とする会計情報	過去の実績情報	未来の予測情報
情報の特性	信頼性，客観性	有用性，目的適合性
法規制の有無	会社法，金融商品取引法，法人税法等	法規制は必要とされない

出所：山田他［2019］pp.14-16より筆者が一部修正して作成。

(2) 管理会計の体系

　管理会計は，特定の計算技法を意味するのではなく，経営管理に役立つさ
まざまな概念や管理会計技法を総体として表す用語である。ここで，**経営管
理**とは，これを一般的，抽象的にいうと，「それは経営目的を達成するため
に多数の人間活動を結合させ，それによって仕事を効率的に運営していく働
き」である（山田他［2019］p.14）。このような経営管理の内容は，計画，
組織化，動機づけ，統制などから構成されると考えられるが，管理会計は，
その「**計画**」と「**統制**」に有用な管理会計情報を提供するのである。

　管理会計の体系は，経営管理機能に基づき**計画会計**と**統制会計**とに区分す
るとされていたが，その後，**意思決定会計**と**業績評価会計**とに区分する方が，
矛盾なく体系的に管理会計を説明できるとし，この区分が支持された。その
後，1980年代から90年代にかけて日本の企業を取り巻く諸環境が変化し，戦
略策定とその遂行にかかる管理会計情報の必要性が高まった。そこで，管理
会計の体系は①**戦略策定**，その遂行のための②**マネジメント・コントロール**の
ための会計，③**オペレーショナル・コントロール**のための会計に区分された。
ここで，**戦略**とは「将来のビジョンと現実のギャップを埋めるために選択さ
れる何らかの手法や手続きである」と定義される（小林他［2017］p.29）。

　マネジメント・コントロールとは，組織目標を達成するための戦略を有効か
つ能率的に実行するために，管理者たちが他の組織メンバーに影響を与える
プロセスであり，これが体系化されたものがマネジメント・コントロール・
システムである。その代表例が，予算管理システムであり，それに基づく業
績評価システムである。管理会計情報は，企業における業務の効率性向上の
ための情報から，戦略を策定し遂行するために必要な情報など，マネジメン
ト・コントロールに重点をおく戦略管理会計に関する会計情報が必要とされ
るようになった。

(3) 戦略遂行システムとしてのバランスト・スコアカード

こうした戦略を策定し遂行するための1つの戦略的マネジメント・システムとして，バランスト・スコアカード（Balanced Score Card：BSC）を挙げることができる。BSCは，戦略管理会計における戦略的マネジメント・コントロールのためのツールとして米国で提唱され日本に紹介されたものである。BSCは，「戦略を記述してすべての組織構成員に伝達し，予算管理や報酬システムなどの管理システムをすべてバランスト・スコアカードに結びつけ，戦略を首尾一貫した形で実行するシステム」を意味する（小林他［2017］p.31）。

当初，BSCは，伝統的な**財務指標**を**非財務指標**で補完することにより企業の業績を測定する**業績評価システム**として捉えられていたが，その後，実務で洗練され，今や戦略を遂行しその結果を測定・評価する戦略的マネジメント・コントロール・システムとして捉えられている。BSCは，リコー，関西電力，富士ゼロックス，沖電気，パイオニア，日本フィリップス，キリンビールなどが全面的に採用したが，部分的に導入した企業も多いとされている（櫻井［2019］p.638）。

2 企業活動のグローバル化とは？

(1) 企業活動の"グローバル化"の意味および背景

まずはじめに，本章で使用する**グローバル化**という用語の意味から確認しよう。グローバル化とは，多国籍企業や超国家企業と呼ばれる**グローバル企業**が地球的規模で活動し，世界的なネットワークおよび国際分業体制（グローバル・バリューチェーン）を確立していくプロセスをいう。

日本企業のグローバル化は，海外企業との国際取引から始まり，次に特定の国に海外子会社を設立し，製造活動や販売活動を展開するための拠点をおく。さらに，必要な国や地域に物流拠点や研究開発拠点をおくことで，世界

のどの市場においても消費者ニーズに速やかに対応できる体制を構築する必要がある。よって，企業のグローバル化は，どの国に製造工場をおき，どの国や地域に販売拠点をおくかなど，明確な**グローバル戦略**に基づき地球的な規模で展開されてきた。

　企業活動のグローバル化が進展した背景には，1990年頃の**情報通信技術**（ICT）の進歩がある。多くの国や地域に細分化され企業内分業が進展した企業に欠かせないのは，世界的規模での情報収集・処理能力および通信技術などの質を向上させることであり，それにかかるコストを削減することである。ICTの進歩の鍵を握るのは，デジタル化の推進と通信技術の向上である。ICTの進歩によって，グローバル企業が最も必要とする世界的な規模での情報ネットワークの構築を可能にしたのである。

(2) 日本企業のグローバル化は進展するか？

　わが国では，2020年1月以降，コロナウイルス感染症の感染拡大により，日本の企業活動は人流・物流・商流などあらゆる面で停滞し，世界的な規模で形成された**サプライチェーン**に分断が生じることとなった。現在では，ロシアのウクライナへの侵攻やイスラエルとハマスの戦争が勃発するなど，企業にとって将来を予見するにはあまりにも不確実な要素が多い。

　今後，日本企業のグローバル化は進展するのだろうか？　図表12-2は，経済産業省の統計調査（2023年）で示されている海外現地法人売上高の推移である。2021年度の**海外現地法人の売上高**は303.2兆円，前年度比＋25.9％の増加となっている。また，日本企業の**海外現地法人数**は，コロナ禍以前の2016年度末では2万4,959社であったが，コロナ禍後の2021年度末は2万5,325社と微増している。日本企業のグローバル化は，コロナウイルス感染症の拡大による落ち込みから回復し，2022年度は安定的に推移したが，今後，ロシアによるウクライナ侵攻やイスラエルとハマスの戦争勃発が今後どのように推

図表12-2　現地法人売上高の推移

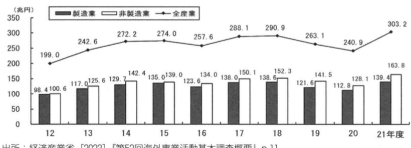

出所：経済産業省［2023］『第52回海外事業活動基本調査概要』p.11。

移するのか，また中国経済の落ち込みなどの要因が重なり，売上高が鈍化するものと予想されている。

　日本貿易振興機構（JETRO）のアンケート調査（2023年）によれば，企業の今後3年程度の**海外進出方針**は，すでに海外拠点をもつ企業では半数近く（49.1％）が「現状を維持する」と回答しており，「さらに拡大を図る」とした企業の割合は過去3年間と比較すると大きく低下している。海外拠点をもつ企業のうち，海外事業の拡大を図るとの回答比率が過半数を超えたのは化学，飲食料品，電気機械，通信・情報・ソフトウェア産業である。

　図表12-3は，総務省『令和3年版 情報通信白書』に示された日本企業の**生産拠点の移転事例**である。今後，海外で事業拡大を図る国や地域として，**米国**（29.6％）と回答した企業が最も多く，第2位にベトナム，第3位に中国であった。主に，製造企業が事業拡大先として米国を選び，83.1％の企業が事業拡大の目的を「**市場規模・成長性**」に求めている。日本企業の海外事業は，不確実な要素が多い中で，少なくともここ数年は現状が維持され，企業各社は，今後の収益回復のための対策を講じていくことになる。

図表12-3　日本企業の生産拠点の移転事例

会社名	製品	移管元	移管先	備考
東芝機械	射出成型機	中国	日本，タイ	米国の中国製品に対する追加関税の適用対象となったため，2018年10月に移管。
三菱電機	工作機械	中国	日本	制裁対象となった米国向け工作機械の生産を中国から日本へ移管。逆に米国向け以外の製品を日本から中国へ振り替えた。
リコー	複合機	中国	タイ	米国が中国への制裁関税第4弾として関税引き上げ対象をほぼ全ての中国輸入製品に広げると発表したことを受け，19年5月，米国向け主要複合機の生産を中国からタイへ移管することを決定。
アイリスオーヤマ	サーキュレーター（送風機）の一部	中国	韓国	中国から米国への輸出が一段と難しくなる事態に備え，中国国内2工場で生産する送風機について2020年にも一部を韓国生産に変えてリスク分散を図る。
京セラ	複合機	中国	ベトナム	トランプ大統領は対中制裁関税第4弾の発動方針を表明したことに対し，同社幹部は米国向け複合機の生産を中国からベトナムへ移管する考えを示した。
シャープ	車載用液晶ディスプレイ	（中国）	ベトナム	中国で生産予定であった米国向け車載用液晶ディスプレイにつき，ベトナムで生産するよう計画変更。

※網掛け部分はICT産業に該当する企業
出所：総務省［2021］『令和3年版 情報通信白書』p.192より抜粋。

〈エピソード18〉脱・中国依存，大阪が先行　進出企業は全国で1,600社減―データで読む地域再生

　中国を巡る地政学リスクの高まりを受け，日本企業の間でサプライチェーンの中国依存を抑える動きが出てきた。（中略）帝国データバンクの調査では，中国に進出した企業は2022年6月時点で1万2,706社であり，10年前の2012年のデータから1,600社以上減少した。

　キャノンやアイリスオーヤマなど製造大手の撤退も相次ぐ。取引先の中小企業は供給先が細り，撤退・継続の判断を迫られるケースが増えている。

　新型コロナウイルス禍での「ゼロコロナ」政策は，中国ビジネスのリ

スクを顕在化させた。経済産業省はサプライチェーンの見直しに伴って，国内の生産拠点などを整備する日本企業を補助するため，2022年〜22年度に約5,600億円を充てた。補助採択先は累計439社あり，大企業が173社，中小企業が266社だった。（中略）

(2022年12月9日日経速報ニュースアーカイブより抜粋)

3 グローバル管理会計における実務的課題

(1) グローバル管理会計の実務的課題

グローバル管理会計[1]とは，日本のグローバル企業が行う管理会計を意味する。グローバル企業の管理会計上の実務的課題は，グローバル企業の本社（親会社）が，策定したグローバル戦略に基づき戦略目標に到達できるよう海外子会社をどのようにコントロールしていくか，またどのように海外子会社の業績を適正に評価していくか，という点である。

日本のグローバル企業は，海外子会社のマネジメント・コントロールの一環として予算を活用する事例が多い。また，日本のグローバル企業における海外子会社の業績評価は，主として，財務指標が利用され，補完的に非財務指標が利用される事例が多い。以下では，これらの点について説明しよう。

(2) 海外子会社の予算管理

企業の**経営理念**，**企業理念**あるいは**ビジョン**は，その企業の社会的使命や責任を簡潔な言葉で社会に表明したものである。企業は，この経営理念を念頭において，**経営戦略**を策定し，この戦略に基づいて**中長期経営計画**が策定

---

1) MAFNEG研究会は，1991年，日本のグローバル企業が有する行動原理や組織特性を明らかにし，そこにある日本的要素と管理会計実務との関係を研究することが必要であるとして，"グローバル管理会計"という新たな概念を提示した（「管理会計の新展開―グローバル管理会計の模索―」『産業経理』第51巻第2号）。

される。さらに，この中長期経営計画に基づき**短期利益計画**が策定される。この短期利益計画は，実行計画とはいえないので，一般的には利益計画に基づいて実行計画としての"予算"が編成される。

急激な技術進歩やグローバル化の進展などにより将来に対する不透明感・不確実性が増大したことから，**長期経営計画**を策定する企業が減少し，中期経営計画の策定が日本の企業に普及している（大槻他［2023］[2]）。予算編成で重視する項目としては，「所要の収益に実現」が最も重視され，続いて「安定的な収支管理」が増加傾向にあり，第3位に「財務安全性の確保」および「資源配分の有効性の達成」，第4位に「部門成果の評価」である。

望月他［2016］の調査では，調査対象企業の73.1％の企業が，海外子会社の予算は本社で集権的に編成されたものが子会社に示達され，それに基づいて子会社の予算が策定されている。また，海外子会社のトップマネジメントが独自に作成した予算原案は，事後的に本社に報告される。日本のグローバル企業の海外子会社では，予算の設定権限を移譲されている企業は少ない傾向があり，本社の影響下で予算を策定していることが示された。

予算報告の頻度は，**月次報告**が最も高く，次に**四半期報告**となっている。海外子会社では，進出先国や地域の通貨で財務データが作成されているので，日本の本社に報告書を提出する際には，円換算した資料を提出する。また，提出された報告書に基づく**予算実績差異分析**は，予算によるコントロールを適切に行うための不可欠なプロセスである。日本企業の予算実績差異分析の実施は，1ヵ月単位で行っている企業が多いことが示されている（企業予算制度研究会［2018］p.91）。

---

2)　同調査は，上場企業一般を対象にした調査であり，グローバル企業のみを対象にした調査ではないが，調査結果をみるとグローバル企業の状況を理解するために有用なデータだと思われる。

海外子会社に対しては日本国内の子会社ほど予算管理は重視されていないが，予算を基礎として日本の親会社と海外子会社とのコミュニケーションが一定程度図られていることが示されている（堀井［2021］p.41）。日本の本社は，海外子会社の現状やおかれている諸環境等に関する情報を適時・適切に把握することが重要である。予算を一つの手段として，日本の本社と海外子会社との間で情報交換が行われ，意思疎通が図られていることが重要な点である。

〈エピソード19〉事業部の評価制度見直し　海外の成長力など加味

　パナソニックは2015年度から事業部の評価制度を見直す。従来は営業利益など財務指標のみだったが，シェアや海外事業の成長性なども加味して多面的に評価し，事業部長の人事考課などに反映させる。パナソニックは構造改革にメドがついており，評価制度を変えることで各事業部の成長戦略を後押しする。

　同社は事業部の重要業績評価指標（KPI）として，売上高，営業利益，キャッシュフロー（現金収支）などを年度末に評価していた。今年度からは37の事業部ごとに「オプションKPI」として新評価項目を加え，全評価点数の25〜40％を割り当てる。

　例えば，カーナビゲーションシステムなどの車載機器事業は営業活動と足元の業績が直結しにくいため，数年先の売上高に計上される見通しの受注を評価指標に使う。内需依存からの脱却を目指して海外市場の開拓に注力している住宅事業は，海外事業の売上高を評価指標に盛り込んだ。

　パナソニックは家電から自動車，住宅関連などと事業領域が幅広い。全社一律の評価では事業部ごとの成長戦略などを的確に評価することが難しかった。

（日本経済新聞，2015年4月28日より抜粋）

(3) 海外子会社の業績評価

　グローバル企業が海外子会社の業績評価を行う場合，どのような指標を用いているかという点に関する調査が実施された（堀井［2021］p.102）。海外子会社の**業績評価指標**は，売上高，営業利益，経常利益，原価・費用の項目がきわめて高く，一般的な損益計算書形式に従った数値である。次に，生産能率，受注高や生産量，売上利益率，市場占有率といった指標が重視され，自己資本比率，資本利益率，配当性向といったストックの観点や株主の観点に基づく指標はさほど重視されていないことが示されている。

　財務数値を重視する理由は，海外子会社のグループ企業全体の収益または利益に対する貢献度を測定するためであり，海外子会社に対する投下資金の回収可能性を評価するためであると考えられる。また，同調査では，財務数値以外の指標が使用されていたが，これは，多角的な視点から海外子会社の業績を評価し，進出先国の諸環境にいかに適応しているかという点を示すためである。

〈エピソード20〉海外子会社の業績評価，販売先の信用度を加味

　売上高や利益額など財務数値だけで海外子会社の業績を評価していると，実は大きな問題を抱えていることが明らかにならない場合がある。ある海外子会社は販売先の企業と循環取引をしていた。しかし，販売先の財務内容が大幅に悪化すると，循環取引では支えられなくなり大量の回収不能の売上債権を抱えてしまった。

　循環取引とは，商品を海外子会社と販売先の企業との間で回す，つまり商品を両社の間で循環させることで売上高を形だけ増やす取引である。この記事では，海外子会社の業績評価には，売上高や利益額などの財務数値のほかに，販売先の信用度を加えることが必要だと指摘する。

　取引先の信用度を事前に測り，それに基づいて取引限度や取引条件を定めること，そしてその結果を定期的に報告させ，本社がその都度評価

> することが重要だとしている。
>
> （日経産業新聞，2016年12月19日より抜粋）

　業績評価における非財務指標は，市場占有率およびその伸び率，生産能率の達成度，製品の品質管理指標，工場稼働率，顧客満足度など多様である。前述したエピソード19とエピソード20のように，グローバル企業により収集する情報やそれにより使用する指標は異なる。しかし，業績評価で非財務指標を加味して評価することに共通するメリットは，海外子会社の**予算統制**ではなく，**予算編成**に有効であるという。つまり，日本のグローバル企業の本社では，非財務指標を活用することで，質の高い情報収集と予算のより精緻な策定が可能になるという調査結果が示された（堀井［2021］p.125）。

　グローバル企業における海外子会社の業績評価は，財務指標が中心ではあるが，非財務指標を補完的に活用することが必要である。財務指標は，主に財務データであるから過去の実績数値が使用されることになる。グローバル企業における海外子会社の業績評価は，グローバルな戦略目標に到達するために，海外子会社の業績を財務指標および非財務指標を活用して適切に測定・評価し，戦略目標達成に向けた動機づけを与えることで合理的なマネジメント・コントロールが可能となる。

参考文献 ◇◇

伊藤嘉博編著［1995］『企業のグローバル化と管理会計』中央経済社。

大槻晴海・市野初芳・手嶋竜二・広原雄二［2023］「企業予算制度の基礎的事項に関する分析」わが国企業予算制度の実態（令和4年度）『産業経理』Vol.83, No.3。

企業予算制度研究会［2018］『日本企業の予算管理の実態』中央経済社。

経済産業省［2023］『第52回海外事業活動基本調査概要』（令和4年7月1日調査），経済産業省大臣官房調査統計グループ，構造・企業統計室。

小林啓孝・伊藤嘉博・清水孝・長谷川惠一［2017］『スタンダード管理会計（第2

版)』東洋経済新報社。

櫻井通晴［2019］『管理会計（第7版）』同文舘出版。

総務省［2021］『令和3年版　情報通信白書』。

日本貿易振興機構（JETRO）［2023］『2022年度日本企業の海外事業展開に関するアンケート調査―海外事業の意欲は後退。リスク耐性強化へ，模索続く―』海外調査部。

堀井悟志編著［2021］『日本的グローバル予算管理の構築　実務に根ざした理論化の試み』（牧誠実財団研究叢書16），中央経済社。

桝谷奎太・岩澤佳太・吉田栄介［2022］「日本企業における業績管理の変化と変容　10年分の実態調査データに基づく分析と考察」『メルコ管理会計研究』13号-Ⅱ。

望月恒男・名児耶富美子・市野初芳［2016］「タイ，マレーシアおよびシンガポール進出日系企業の管理会計に関する考察」日本社会関連会計学会全国大会報告資料（於：愛知大学，2016年10月30日）。

山田庫平・飯島康道・吉村聡・大槻晴海編著［2019］『原価・管理会計の基礎』中央経済社。

吉富勝［2003］『アジア経済の真実―奇跡，危機，制度の進化―』東洋経済新報社。

確認テスト

① 管理会計の特徴を財務会計と比較しながら説明しなさい。

② 日本企業のグローバル化が進展した背景について説明しなさい。

③ 日本のグローバル企業が海外子会社の業績評価を行う場合，主に，どのような業績評価指標を重視しているか，その理由とともに述べなさい。

発展テスト

① グローバル企業が海外子会社の業績評価を行う場合，財務指標のほかに非財務指標を活用して評価する企業が増加傾向にある。海外子会社の業績評価に非財務指標を活用することのメリットについて，あなたの考えを簡潔に述べなさい。

■ 本章のもうチョッと‼

浅田孝幸・頼誠・鈴木研一・中川優・佐々木郁子 [2017]『管理会計・入門』有斐閣アルマ。

國部克彦・大西靖・東田明編著 [2020]『1からの管理会計』中央経済社。

清水孝・庵谷治男 [2019]『基礎管理会計（第2版）』中央経済社。

第13章

グローバル財務会計

本章のズバッ！と

□企業活動のグローバル化は，財務報告の国際比較を可能にするために，会計基準の国際的統一の必要性を高める。

□会計基準の国際的統一は，国際会計基準審議会（IASB）が中心となって進めていて，世界の95％を超す国々が国際財務報告基準（IFRS）に従って財務報告することを規定または容認している。

□日本でも，大規模企業を中心に，IFRSの任意適用企業が増加している。

□日本の会計基準とIFRSとの重要な相違点は，のれんの処理とその他の包括利益の処理である。

□IFRSに従って作成された財務諸表では，収益性が上昇し，財務安全性が下落して示されることが多いので，日本の会計基準に従って作成された財務諸表と比較分析する場合には注意が必要である。

キーワード

会計基準の国際的統一，公正価値測定，国際会計基準審議会（IASB），国際財務報告基準（IFRS），修正国際基準（JMIS）

1 会計基準の国際的統一の意義

　1970年代以降の企業活動および資金調達活動のグローバル化とともに，グ
ローバル企業の財務状況を分析および比較する必要性が生じ，そこから**会計
基準の国際的統一**が求められるようになった。現在，**国際会計基準審議会
（IASB）**が設定する**国際財務報告基準（IFRS）**により，会計基準を国際的に統
一する動きが進行している。

　会計基準の国際的統一の必要性を表す１つの衝撃的な事例として，ドイツ
のダイムラー・ベンツ社の財務報告をあげることができる。ダイムラー・ベ
ンツ社は，資金調達の目的から，1993年に，ドイツ以外にアメリカのニュー
ヨーク証券取引所（NYSE）にも株式を上場した。

---

1)　"Group of Twenty"の略称で，ヨーロッパ連合（EU），ドイツ，フランス，イギリス，イタリア，
　ロシア，トルコ，中国，日本，韓国，インド，サウジアラビア，インドネシア，オーストラリア，
　アメリカ，カナダ，メキシコ，ブラジル，アルゼンチン，南アフリカ共和国から構成される。

　その際，ドイツの会計基準からアメリカの会計基準に変更することによって，連結財務諸表における利益がプラスからマイナス（損失）へ変化することが示された（図表13-1を参照）。

図表13-1　会計基準の相違が財務情報に及ぼす影響

ダイムラーベンツ社の事例

（百万DM）

	1993年	
ドイツ会計基準		
当期純利益		615
調整項目と金額		
少数株主損益	−13	
利益剰余金の調整	−4,262	
長期契約	78	
のれんおよび企業買収	−287	
非継続事業	—	
年金およびその他退職後給付	−624	
外貨換算	−40	
金融商品	−225	
他の評価差額	292	
繰延税金	2,627	−2,454
アメリカ会計基準		
当期純利益		−1,839

　この財務情報をみて，ダイムラー・ベンツ社の**本当の利益**はプラスとマイナスのいずれであると思うであろうか。同じ企業の，同じ年度の財務情報であるにもかかわらず，会計基準が異なることで，利益がプラスになったり，マイナスになったりすることは，財務情報の信頼性および有用性の面で問題であろう。

　グローバル企業には，世界に情報利用者が存在することから，グローバルな視点での財務報告が求められる。財務報告を理解する上で，**言語**と**通貨単**

位への知識も重要であるが，**会計基準**の相違についての知識も重要である。世界におよそ200カ国が存在し，200近くの会計基準が存在するとした場合，一人の人間がそれだけの会計基準を完璧に理解することはとうてい不可能である。

　会計が，企業経営を写像して，その実態を表示するものであるなら，同一あるいは類似した取引には同一の会計処理を適用することが最も適切であり，そのためには会計基準の国際的統一が必要であると考えられる。これは，**会計基準の国際的統一の必要性**を支持する根拠となる。

> ☞**チェック事項**
> 　企業および会計を取り巻く環境は，国によってさまざまであることから，財務諸表が企業実態を表示するためには，逆に会計基準の国際的統一は不適切であるという考え方もある。これは，各国の異なった環境に適した会計基準を設定し，それに従って会計実務が行われることで，財務諸表が企業実態を表示するものとなり，真の財務諸表の比較が可能になるという考えに基づいている。

2 日本におけるIFRSへの対応

　日本では，1997年の**会計ビッグバン**[2]以降，**企業会計審議会**および**企業会計基準委員会**（ASBJ）が，IFRSとの調整を図りながら日本の会計基準の設定および改訂を進めてきた。しかし，2004年から2005年にかけて，日本のIFRSへの対応に対してジャパン・バッシングとも感じさせられる出来事が生じた。

---

[2]　会計ビッグバンは，1996年の金融ビッグバンへの会計の対応として，主要財務諸表として連結財務諸表の制度化，金融商品に対する時価評価の導入，および連結キャッシュ・フロー計算書の導入といった会計のパラダイム転換が行われたことの総称である。

〈エピソード22〉IFRSへの対応に対するジャパン・バッシング?!

　2004年に，当時のIASBの議長であったトゥィーディー（David Tweedie）氏は，「日本は世界で最も不透明な財務報告制度を持つ国の１つであり，日本の企業が他の国において上場することは困難である。」と述べて，日本のIFRSへの対応に苦言を呈した。

　2005年には，ヨーロッパ連合（EU）のヨーロッパ証券規制当局委員会（CESR）は，IFRSと日本，アメリカおよびカナダの会計基準との比較を行い，会計基準の同等性を評価した。その結果，アメリカおよびカナダの会計基準と比較して，日本の会計基準に対して，最も多くの26項目に関する「追加的な開示」あるいは「補完計算書」の開示を要求した。

　これら２つの出来事は，その後，日本がIFRSの適用の容認に向けての対応を加速させる原因となった。

　2009年に，企業会計審議会は，「我が国における国際会計基準の取扱いに関する意見書（中間報告）」を公表し，IFRSの適用に向けた早期検討の必要性を指摘した。同年，金融庁は，「連結財務諸表の用語，様式及び作成方法に関する規則」（**連結財務諸表規則**）において，**特定会社**[3]に対して，2010年３月期決算から**指定国際会計基準**[4]に従って**連結財務諸表**を作成することを容認して（第93条），IFRSの**任意適用**がスタートした。

　このような動きの中で，2015年〜2016年をめどとして，日本はIFRSを**強制適用**する予定であるとの報道が行われてきた。しかし，アメリカがIFRSの受け入れに向けての対応を変更することで，日本もいまだにIFRSの**強制適用**を行っていない。

3）　一定の要件を満たした国際的な財務活動又は事業活動を行う会社をいう（「連結財務諸表の用語，様式及び作成方法に関する規則」第一条二）。

4）　指定国際会計基準とは，金融庁長官が定めるものである。「連結財務諸表の用語，様式及び作成方法に関する規則」第九三条および第九四条。

<エピソード23> 日本におけるIFRS強制適用への対応の変化

　アメリカの証券取引委員会（SEC）は，2011年5月に，今後5〜7年をかけて，IFRSをアメリカの会計基準に段階的に組み込んでいくコンドースメント（con-dorsement）アプローチを採用することを表明した。その翌月，日本の自見庄三郎金融担当大臣（当時）は，「IFRS適用に関する検討について」において，「少なくとも2015年3月期におけるIFRSの強制適用は考えていないこと，仮に強制適用する場合であってもその決定から5〜7年程度の十分な準備期間を設けること」を表明した。SECの意見については，SEC［2011］を参照。

　2012年に民主党政権に代わって，自由民主党政権が発足するのと同時に，**日本再興戦略**のもとで，日本経済の国際化を支援する**国際展開戦略**[5]が進められることになった。それに伴って，日本のIFRS任意適用企業も増加している。

3 日本の企業における会計基準の選択

　2010年3月決算企業から，日本の上場企業にはIFRSの適用が容認されている。これは，**連結財務諸表規則**が，**特定会社**に対して，**指定国際会計基準**に従って**連結財務諸表**を作成することを容認したことによるが，ここでいう**指定国際会計基準**は，IFRSに限定されたものではなく，**アメリカの会計基準**および**修正国際基準**（JMIS）も含まれている。

　日本では，**連結財務諸表制度**が導入される1977年以前からアメリカの会計基準を適用していた日本の企業（旧**特例会社**）に対して，**アメリカの会計基準**の適用が容認されてきた。現在も，SECへの登録企業に対して，連結財務諸表の作成に**アメリカの会計基準**を適用することが容認されている（第95条〜第98条）。

5）　いわゆるアベノミクスの3本の矢の1本の戦略である。

　2015年には，ASBJはIFRSをそのまますべて適用することが困難な日本の企業のために，日本の会計基準とIFRSとのギャップを埋めることを目的として，JMISを公表した。JMISは，IFRSが規定している「のれんの非償却」と「一部の『その他の包括利益』項目のリサイクリング6)の禁止」に関して，日本の会計基準が規定する「のれんの規則的償却」と「すべての『その他の包括利益』項目のリサイクリング」を義務づけている点で，IFRSと異なっている。

　このように，現在の日本の上場企業には，日本の会計基準に加えて，複数の会計基準の中からの選択適用が容認されている（図表13-2参照）。これは，財務報告の国際的**比較可能性の達成**を意図して進められてきた会計基準の国際的統一とは真逆の状況となっており，問題である。

図表13-2　日本の上場企業等が適用可能な会計基準（2023年8月時点）

会計基準	採用企業数
IFRS	262（11）*1)
アメリカの会計基準	10
修正国際基準（JMIS）	0
日本のASBJが設定する企業会計基準	その他の上場企業等

＊1）カッコ内は，採用決定企業数。

4 IFRSの適用と財務諸表

（1）財務諸表の名称

　日本の会計基準に従って作成される財務諸表とIFRSに従って作成される財務諸表との間では，財務諸表の名称が異なっている。IFRSは，基本的に連結財務諸表の作成を意図した会計基準であることから，連結財務諸表に焦点を当てて比較すると，図表13-3のとおりである（IAS第1号を参照）。

---

6)　日本の会計基準では，組替調整と呼ばれる。

図表13-3　連結財務諸表の名称

日本の会計基準	IFRS
連結貸借対照表	連結財政状態計算書 (Consolidated Statement of Financial Position)
連結損益及び 包括利益計算書	連結損益及びその他の包括利益計算書 (Consolidated Statement of Profit or Loss and Other Comprehensive Income)
連結株主資本等 変動計算書	連結持分変動計算書 (Consolidated Statement of Changes in Equity)
連結キャッシュ・ フロー計算書	連結キャッシュ・フロー計算書 (Consolidated Statement of Cash Flows)

(2) 連結財政状態計算書

　連結財政状態計算書では，資産，負債および**持分**が表示される。**持分**は，資産と負債の差額と定義され，日本の企業の貸借対照表における**純資産**と同様である（第5章も参照）。

　日本の会計基準では，連結貸借対照表の**純資産**は，**株主資本**とそれ以外に区別して，それ以外の部分は，その他の包括利益累計額，新株予約権および非支配株主持分に区分表示される。一方，IFRSでは，連結財政状態計算書の**持分**は，**親会社の持分**と**非支配持分**とに区別して表示するように規定されているだけである。

　これは，日本の会計基準が，純資産における**株主資本**を他の項目に比較して特に重視しているのに対して，IFRSは，親会社の持分と非支配持分をともに重視していることを表している。

　資産および負債の**配列方法**では，IFRSは**流動性配列法**と**固定性配列法**のいずれによるべきかを規定していないが，「財務諸表の例示」では**固定性配列法**を示している。日本の会計基準の適用企業の多くが**流動性配列法**を採用し

ているのに対して，IFRSの任意適用企業の中には，IFRSの適用と同時に，流動性配列法から**固定性配列法**へと変更した事例が存在する。

（3）連結損益及びその他の包括利益計算書

　連結損益及びその他の包括利益計算書では，日本の会計基準と同様に，**1計算書方式**と**2計算書方式**が認められている（第6章も参照）。日本の会計基準の適用企業のほとんどが**2計算書方式**を採用しているのに対して，IFRSの任意適用企業の中には，IFRSの適用と同時に，2計算書方式から**1計算書方式**に変更した事例が存在する。

　費用の表示方法では，**費用機能法**と**費用性質法**の2つが認められている。日本の会計基準の適用企業のほとんどが**費用機能法**を採用しているのに対して，IFRSの任意適用企業の中には，IFRSの適用と同時に，売上原価および売上総利益を計算・表示しない**費用性質法**に変更した事例が存在する。

（4）連結キャッシュ・フロー計算書

　連結キャッシュ・フロー計算書では，**営業活動**によるキャッシュフローの表示に関して，**直接法**が推奨されているものの，日本の会計基準と同様に，**間接法**も容認されている（IAS第7号を参照）（第7章も参照）。

5 IFRSの適用と会計方針

　IASBは，固定資産に関する会計基準（IAS第16号）において，固定資産の**事後測定**（貸借対照表日における評価）に関して，**再評価モデル**と**原価モデル**の両方を容認している。これは，日本の会計基準が，**原価モデル**だけを規定している点と大きく相違し，IFRSの特徴である。しかし，日本のIFRSの任意適用企業の中で，固定資産の再評価において，**再評価モデル**を採用した事例は皆無である。

IAS第16号は，**減価償却の方法**について，定額法，定率法および生産高比例法の3つの中から，資産の将来の経済的便益が，企業により消費されると予測されるパターンを最も反映する方法で行うように規定している。IASBが特定の減価償却方法を規定しているわけではないにもかかわらず，日本のIFRSの任意適用企業の多くは，固定資産の減価償却方法を**定額法**に変更していた。これは，定額法が最も情報利用者からの理解を得やすいと判断したためと考えられる。

6 IFRSの適用と財務情報

　IFRSの任意適用企業は，IFRSの初度適用時に**調整表**を公表している。図表13-4は，㈱資生堂のIFRSの初度適用時の調整表を参考に，日本の会計基準からIFRSへと変更することに伴う連結財務諸表の数値および分析指標の変化をまとめたものである。

　連結財政状態計算書の数値では，非流動資産，資産合計，流動負債，非流動負債，負債合計，負債・資本合計が増加している。**連結損益及びその他の包括利益計算書**の数値では，売上高が減少しているが，その他の利益の金額は増加している。**連結キャッシュ・フロー計算書**の数値は，全般的に金額としての大きな動きはみられないリース取引に関するキャッシュ・フローを含める区分の変更についてのみ説明している。

　分析指標をみると，収益性指標である各種売上高利益率が上昇している。安全性指標では，流動比率および自己資本比率が下落し，固定比率，固定長期適合比率が増加しており，安全性が低下しているようにみえる。

　これは，日本の会計基準の適用企業とIFRSの任意適用企業との間で財務諸表の比較を行う上で注意が必要であることを示唆している。

図表13-4　IFRSへの変更に伴う財務情報および分析指標の変化

（単位：百万円）

連結財務諸表	年度 項目	202112		
		JPN	IFRSs	差額
財政状態計算書	流動資産	521,533	512,922	−8,611	−
	非流動資産	657,827	788,056	130,229	＋
	資産合計	1,179,360	1,300,978	121,618	＋
	流動負債	384,031	413,561	29,530	＋
	非流動負債	227,896	325,237	97,341	＋
	負債合計	611,927	738,798	126,871	＋
	資本合計	567,433	562,179	−5,254	−
	負債・資本合計	1,179,360	1,300,978	121,618	＋
包括利益計算書	売上高	1,035,165	1,009,966	−25,199	−
	営業利益	41,586	100,571	58,985	＋
	税金等調整前当期利益	73,256	99,111	25,855	＋
	当期純利益	44,912	49,450	4,538	＋
	包括利益	81,222	90,198	8,976	＋

キャッシュ・フロー計算書に対する調整
　オペレーティングリースの支払額を，営業活動によるキャッシュ・フローから財務活動によるキャッシュ・フローに変更

（単位：％）

分析比率	年度 項目	202112		
		JPN	IFRSs	差額
総合指標	総資本利益率	3.81	3.80	−0.01	−
安全性	流動比率	135.80	124.03	−11.78	−
	固定比率	115.93	140.18	24.25	＋
	固定長期適合比率	82.71	88.80	6.09	＋
	自己資本比率	48.11	43.21	−4.90	−
収益性	売上高税金等調整前利益率	7.08	9.81	2.74	＋
	売上高当期利益率	4.34	4.90	0.56	＋

参考文献 ◇◇

Commission of the European Communities〔2008〕*Accounting: European Commission grants equivalence in relation to third country GAAPs.*

IASC〔1992〕IAS No.7, *Statement of Cash Flows*, IASB.（同訳書。）

IASB〔2003〕IAS No.16, *Property, Plant and Equipment*, IASB.（同訳書。）

IASB〔2007〕IAS No.1, *Presentation of Financial Statements*, IASB.（同訳書。）

SEC〔2011〕*Work Plan for the Consideration of Incorporating International Financial Reporting Standards into the Financial Reporting System for U.S. Issuers: Exploring a Possible Method of Incorporation*, May.

Tweedie, D.〔2007〕"Can Global Standards be Principle Based?" JARAF（*The Journal of Applied Research in Accounting and Finance*），Vol.2 Issue 1.

木村敏夫・向伊知郎編〔2007〕『財務会計論』税務経理協会。

確認テスト

① 現在，日本の上場企業等が適用可能な会計基準には，どのようなものがあるか。

② IFRSを適用した日本の企業の財務諸表の形式に生じた変化について説明しなさい。

③ IFRSと日本の会計基準の相違が財務情報に及ぼす影響について，財務諸表の数値および分析指標から説明しなさい。

発展テスト

① 日本の企業がIFRSを適用することのメリットとデメリットについて考えなさい。

本章のもうチョッと‼

秋葉賢一〔2022〕『エッセンシャルIFRS（第7版）』中央経済社。

あずさ監査法人編〔2023〕『IFRS実務適用ガイドブック（第3版）』中央経済社。

田中弘他〔2016〕『国際会計基準を学ぶ（第2版）』税務経理協会。

橋本尚・山田善隆〔2022〕『IFRS基本テキスト（第7版）』中央経済社。

向伊知郎〔2019〕『ベーシック国際会計（第2版）』中央経済社。

第14章

非財務情報開示の潮流

本章のズバッ！と

□会計を取り巻く環境が大きく変化し，情報利用者は従来の財務情報だけでは，適切な経済的意思決定ができなくなった。

□非財務情報とは，開示書類において提供される情報のうち，財務情報以外の情報である。

□非財務情報は，財務情報を補完して，企業の財務状況とその変化，事業の結果を理解するために役立つ。

□有価証券報告書における主な非財務情報には「事業等のリスク」，「経営者による財政状態，経営成績及びキャッシュ・フローの状況の分析（MD＆A)」，「コーポレート・ガバナンスの状況等」，「経営方針，経営環境及び対処すべき課題等」，「サステナビリティに関する考え方及び取組」がある。

キーワード

事業等のリスク，MD＆A，コーポレート・ガバナンスの状況等，経営方針，経営環境及び対処すべき課題等，サステナビリティに関する考え方及び取組，統合報告，SDGs

1 非財務情報の開示の必要性

　財務報告の目的は，投資家の意思決定に資するディスクロージャー制度の一環として，投資のポジションとその成果を測定して開示することである（企業会計基準委員会［2006］）。しかし，**企業環境の変化**とともに，財務情報だけでは，情報利用者の意思決定に役立つ情報を十分に提供することができなくなり，財務情報を補完する記述的な非財務情報の開示が求められるようになった。

　その主な理由は，以下の3つである。

① **企業価値**[1]が，財務諸表に計上されていない情報の影響を受けて，大きく変動するようになったこと（バリュー・ドライバーの変化）

② 企業と投資者の両者は，短期的な利益を追求した行動が世界金融危機の原因となったとの批判を受けて，企業の**持続的な成長**と**中長期的な企業価値の向上**に向けて協働することを求められるようになったこと

③ **地球規模の気候変動**や**人権侵害**などの環境や社会の問題が深刻化し，多様なステークホルダー（たとえば，地域住民や従業員などの利害関係者）は，企業に社会課題の解決に向けた取り組みやその情報の開示を要請したこと

2 非財務情報とは

　非財務情報の定義は，時代とともに変化していて，必ずしも明確でない。金融庁は，非財務情報を，開示書類において提供される情報のうち，財務情報以外の情報を指すと定めている（金融庁［2018］p.2）。

---

1) 例えば，経済産業省［2021］では，「「企業価値」とは企業が将来に渡って生み出すキャッシュ・フローの見通しやその実現能力を，企業が環境・社会・経済に与える外部性に対する資本市場参加者等のステークホルダーからの評価も加味した価値と捉える。」としている。

　非財務情報は，企業の財務状況とその変化，事業の結果を理解するために必要な情報であり，その意義は以下のとおりである（金融庁［2018］p.2）。
①　投資家が**経営者の視点から**企業を理解するための情報を提供すること
②　**財務情報全体を分析**するための文脈を提供すること
③　企業収益やキャッシュ・フローの性質や，それらを生み出す基盤についての情報が提供されることから，**将来の業績の確度**を判断する上で重要な情報を提供すること

　図表14-1は，企業が開示する財務情報と非財務情報の関係を示している。①は，金融商品取引法が有価証券報告書において開示を義務づけている財務情報であり，財務諸表とその注記である。②は有価証券報告書で開示が義務づけられている非財務情報である。③は企業が任意で開示している非財務情報である。

図表14-1　財務情報と非財務情報の関係

③非財務情報（任意開示）
- 環境会計情報
- 企業の社会的責任（CSR）報告
- 環境・社会・ガバナンス（ESG）情報
- 統合報告　等

②非財務情報（法定開示）
- 事業等のリスク
- MD&A
- コーポレート・ガバナンスの状況等
- 経営方針，経営環境及び対処すべき課題等
- サステナビリティに関する考え方及び取組

①財務情報
- 連結財務諸表とその注記
- （個別）財務諸表とその注記

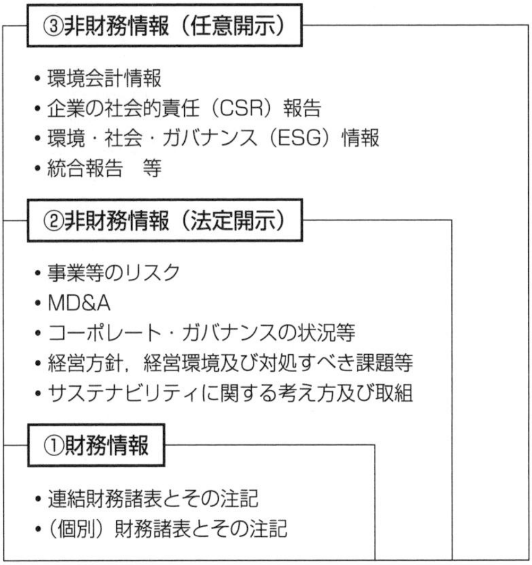

3 非財務情報の開示への対応

日本における非財務情報は，国際的な潮流の中で開示されるようになった。図表14-2は，日本の主な非財務情報の開示について，国際機関の動向を含めて示したものである。

1990年代には，地球環境の温暖化が問題とされて，世界の多くの企業が環境問題への企業の取り組みを**環境報告書**として開示するようになった。2000年代に入ると，環境問題に加えて，人権等の社会問題への企業の取り組みを記述する**企業の社会的責任（CSR）報告**が開示されるようになった。

日本では，2003年に，有価証券報告書において，初めて非財務情報の開示

図表14-2　非財務情報開示の動向

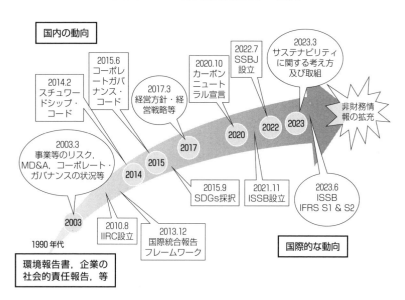

が制度化された。内閣府は，「企業内容等の開示に関する内閣府令等の一部を改正する内閣府令」を公布・施行し，有価証券報告書に「**事業等のリスク**」，「**経営者による財政状態，経営成績及びキャッシュ・フローの状況の分析 (MD&A)**」，「**コーポレート・ガバナンスの状況等**」の項目の開示を義務づけた。これは，証券市場の改革促進の一環として，有価証券報告書における開示内容を充実することによって，投資家から信頼される市場を確立するためである（金融庁［2002］）。

非財務情報の開示は，2010年に，国際的機関として**国際統合報告評議会 (IIRC)** が設立されて，いっそう注目を集めるようになった。IIRCは，2013年に「**国際統合報告フレームワーク**」を公表し，企業に対して**統合報告**の作成および開示を促している。

統合報告は，財務情報に加えて，企業の戦略，ガバナンス，実績および見通しが，どのように短期，中期および長期的に企業価値の創造につながるかについて，幅広いステークホルダーに向けて説明することを目的としている。

日本でも，資本市場の機能を強化し，国全体の最適な資金フローを実現するため，**中長期的な視点から投資活動および企業経営**を行うことに関して，2014年に「スチュワードシップ・コード」が，2015年に「コーポレートガバナンス・コード」が整備された。

「スチュワードシップ・コード」は，機関投資家等に，企業との対話を行うことで中長期的視点から投資先企業の持続的成長を促すことを求めた行動原則である（2017年改訂・2020年再改訂）。

「コーポレートガバナンス・コード」は，上場企業に，幅広いステークホルダー（株主，従業員，顧客，取引先，地域社会等）と適切に協働しつつ，実効的な経営戦略の下，中長期的な収益力の改善を図ることを求めた行動原則である（2018年改訂，2021年再改訂）。

これら 2 つの行動原則に関連して，2017年 3 月期には，有価証券報告書に「経営方針・経営戦略等」（経営方針，経営環境及び対処すべき課題等）の開示が義務づけられた。これは，従来決算短信で記載されていた「経営方針」が，中長期的な投資を行う投資家にとって，その投資姿勢に適合する企業であるかを判断する上で有用な情報とされたためである（金融庁［2018］pp.2-3）[2]。

　2015年に，国際連合（UN）が，持続可能な開発目標（SDGs）を採択すると，企業のサステナビリティ[3]に関する情報の開示が注目されるようになる。

　同年には，気候変動が金融市場に重大な影響をもたらすとの認識から，気候関連財務情報開示タスクフォース（TCFD）が設立された。TCFDは，気候変動から企業の事業活動がどのような影響を受けるかについての説明とリスク評価で用いる指標および目標などについての情報開示を企業に求めている。

　2021年には，国際的な非財務情報の開示に関する会計基準の設定主体として，国際サステナビリティ基準審議会（ISSB）が設立された。ISSBは，2023年に，最初の国際的なサステナビリティ関連の開示基準として，IFRS S1号「サステナビリティ関連財務情報の開示に関する全般的要求事項」およびS2号「気候関連開示」の 2 つの基準を公表した。IFRS S1号は 2024 年 1 月 1 日以後に開始する事業年度から発効する。

　日本でも，ISSBの設立を受け，2022年に財務会計基準機構（FASF）がサステナビリティ基準委員会（SSBJ）を設立した。SSBJは，日本のサステナビリティ開示基準の検討，国際的な意見発信および日本の開示基準の検討を行うことを目的としている。SSBJは，日本版 S1 基準および日本版 S2 基準の開発に向けた検討を行うことを決定しているが，それに先立ち，内閣府は，

---

2)　これらの非財務情報は，その後，名称や内容等について数度の改訂が行われている。

3)　サステナビリティは，日本では，ESG要素，すなわちガバナンスおよび社会・環境に関する事項を含む中長期的な持続可能性と定義されている（スチュワードシップ・コードに関する有識者検討会［2020］p.11；東京証券取引所［2021］p.8）。

2023年より，有価証券報告書において，「サステナビリティに関する考え方及び取組」の記載を義務づけている。

4 非財務情報の開示の状況

日本での有価証券報告書における主な非財務情報の開示内容は，以下のとおりである。

①事業等のリスク

翌期以降の事業運営に影響を及ぼしうるリスク・不確実性のうち，経営者の視点から重要と考えるものを説明

②経営者による財政状態，経営成績及びキャッシュ・フローの状況の分析

経営戦略・ビジネスモデルにしたがって事業を営んだ結果，当期において，どのようなパフォーマンスとなったかを振り返り，経営者の視点からその要因等を分析

③コーポレート・ガバナンスの状況等

企業統治の体制・役員の状況・役員報酬・政策保有株式などを開示

④経営方針，経営環境及び対処すべき課題等

企業がその事業目的をどのように実現していくか，どのように中長期的に価値を創造するかを説明

⑤サステナビリティに関する考え方及び取組

以下の各項目について説明

ⅰ）ガバナンス

・サステナビリティ関連のリスク・機会を監視・管理するためのガバナン

スの過程，統制および手続

ii）**戦略**

・短期・中期・長期にわたり連結会社の経営方針・経営戦略等に影響を与
　える可能性があるサステナビリティ関連のリスク・機会に対処するため
　の取組（重要なものを開示）

・人材の多様性の確保を含む人材の育成に関する方針・社内環境整備に関
　する方針

iii）**リスク管理**

・サステナビリティ関連のリスク・機会を識別・評価・管理するための過程

iv）**指標および目標**

・サステナビリティ関連のリスク・機会に関する連結会社の実績を長期的
　に評価・管理・監視するために用いられる情報（重要なものを開示）

・人材の多様性の確保を含む人材の育成に関する方針・社内環境整備に関
　する方針についての指標の内容，当該指標を用いた目標・実績

　今後，非財務情報の制度化や企業による任意開示の拡充が続くと考えられ
る。企業は，非財務情報を開示する作業の中で，企業の活動自体を見直して，
改善していくことが重要である（日本経済新聞［2022］）。

　情報利用者は，現在あるいは近視眼的な財政状態および経営成績に関する
情報だけで企業を評価するのではなく，企業が社会的責任を果たして，持続
的に発展することができるのかといった長期的な視点に立って，企業を評価
すると考えられる。そこでは，これまでの財務情報に加えて，補足・補完的
に開示される非財務情報の開示が重要な役割を果たすことになる。

〈エピソード24〉持続可能性を理由に，スターバックスコーヒーは象徴
　　　　　　的な（人魚のロゴマークの付いた）紙コップの使用を全面的
　　　　　　に見直したい。顧客はそのような行動に賛同するだろうか
　スターバックスは，2030年までに，会社全体の廃棄物と温室効果ガス

排出量の大部分を占める使い捨てコップから，再利用可能なコップに変更したいと考えている。紙コップのような使い捨て製品を製造することは，温室効果ガスを排出し，地球の温暖化を進行させ，異常気象やその他の気候変動を招く。しかし，再利用可能なコップの製造は，高度な開発技術が必要であり，その変更は容易でない。スターバックスは，この挑戦的な変更の過程で，より多くのサプライヤーに生産過程でリサイクル素材を提供するよう働きかけ，店舗を構える大学や他の地域のパートナーなどに再利用可能なコップの利用に伴う負担をサポートし，協働を促している。

　顧客は，企業に気候変動の解決策の一翼を担うという環境への配慮を期待しているが，使い捨てコップの利便性をあきらめるつもりはない。・・・持続可能性を向上させることは，顧客の意識をどこまで変えることができるかといったことも試している。

　　　　　　　(The Mainichi, September 15, 2023 (Mainichi Japan) より要約)

参考文献 ◇◇◇

企業会計基準委員会［2006］「討議資料『財務会計の概念フレームワーク』」。

金融庁［2002］「証券市場の改革促進プログラム」。

金融庁［2018］「金融審議会 ディスクロージャーワーキング・グループ報告—資本市場における好循環の実現に向けて—」。

金融庁［2021］「記述情報の開示の全体像」。

金融庁［2022a］「日本のコーポレートガバナンス—過去・現在・未来—」。

金融庁［2022b］「金融審議会 ディスクロージャーワーキング・グループ報告—中長期的な企業価値向上につながる資本市場の構築に向けて—」。

金融庁［2022c］「金融審議会 ディスクロージャーワーキング・グループ報告」。

金融庁［2023］「企業内容等の開示に関する内閣府令等の改正の解説」。

スチュワードシップ・コードに関する有識者検討会［2020］「『責任ある機関投資家』の諸原則《日本版スチュワードシップ・コード》～投資と対話を通じて企業の持

続的成長を促すために〜」。

経済産業省［2021］「サステナビリティ関連情報開示と企業価値創造の好循環に向けて─「非財務情報の開示指針研究会」中間報告─」。

東京証券取引所［2021］「コーポレートガバナンス・コード〜会社の持続的な成長と中長期的な企業価値の向上のために〜」。

日本経済新聞［2022］「ESG情報開示，一段と」ウェブセミナー「企業価値向上サイクルを加速するESG開示」『日本経済新聞』10月25日朝刊，p.31。

International Integrated Reporting Council（IIRC）［2021］*Integrated 〈IR〉 Framework*, IIRC.（国際統合報告評議会『国際統合報告〈IR〉フレームワーク』。）

The Mainichi, 2023/9/15（Mainichi Japan）.

確認テスト

① 非財務情報の必要性について説明しなさい。

② 現在，日本の上場企業等が有価証券報告書において開示すべき非財務情報には，どのようなものがあるか。

発展テスト

① スターバックスコーヒーの記事を読んで，次のことを考えてみよう。

　スターバックスコーヒー（企業）が紙コップを廃止すれば，顧客は便利な紙コップを使えないという犠牲（コスト）を払うことになる。企業の持続可能性への試みは，企業および顧客の双方に，コストを上回る便益を生じさせるだろうか。

■ 本章のもうチョッと!!

大鹿智基［2023］『非財務情報の意思決定有用性─情報利用者による企業価値とサステナビリティの評価─』（早稲田大学会計研究所・会計研究叢書 6号）中央経済社。

古庄修編著［2018］『国際統合報告論─市場の変化・制度の形成・企業の対応─』同文舘出版。

索　引

【著者略歴】(執筆順)

平賀　正剛（ひらが・まさたか）〔第2章〕
　愛知学院大学経営学部教授
　2002年　早稲田大学大学院商学研究科博士後期課程単位取得退学

野口　倫央（のぐち・ともひろ）〔第3章〕
　愛知学院大学商学部教授，博士（経営学）愛知学院大学，税理士
　2011年　愛知学院大学大学院経営学研究科博士後期課程修了

中山　重穂（なかやま・しげほ）〔第4章〕
　愛知学院大学商学部教授
　2000年　慶應義塾大学大学院商学研究科後期博士課程単位取得退学

眞鍋　和弘（まなべ・かずひろ）〔第5章〕
　名古屋外国語大学現代国際学部准教授，博士（経営学）横浜国立大学
　2008年　横浜国立大学大学院国際社会科学研究科博士課程後期修了

西海　学（にしうみ・さとる）〔第6章〕
　愛知学院大学経営学部教授，博士（経営学）横浜国立大学
　2004年　横浜国立大学大学院国際社会科学研究科博士課程後期修了

木村　敏夫（きむら・としお）〔第7章〕
　流通科学大学名誉教授
　1987年　専修大学大学院商学研究科博士後期課程満期退学

伊藤　徳正（いとう・のりまさ）〔第8章〕
　愛知学院大学商学部教授
　2000年　愛知学院大学大学院商学研究科博士後期課程単位取得退学

田代　樹彦（たしろ・たつひこ）〔第9章〕
　名城大学経営学部教授
　1994年　中央大学大学院商学研究科博士後期課程満期退学

西舘　司（にしだて・つかさ）〔第10章〕
　愛知学院大学経営学部教授
　2007年　一橋大学大学院商学研究科博士後期課程単位取得退学

吉田　洋（よしだ・ひろし）〔第11章〕
　名古屋文理大学健康生活学部教授，博士（経営学）愛知大学
　1994年　愛知大学大学院経営学研究科博士後期課程単位取得満期退学

市野　初芳（いちの・はつよし）〔第12章〕
　青山学院大学大学院国際マネジメント研究科教授，博士（法学）名古屋経済大学
　2014年　名古屋経済大学大学院法学研究科博士後期課程修了

鷲津　泉（わしづ・いずみ）〔第14章〕
　愛知学院大学経営学部講師
　2002年　愛知学院大学大学院商学研究科博士後期課程単位取得退学

【編著者紹介】

向　伊知郎（むかい・いちろう）〔第1章，第13章〕

　愛知学院大学経営学部教授，博士（経営学）南山大学

　南山大学大学院経営学研究科博士後期課程修了，1991年市邨学園短期大学専任講師，助教授，愛知学院大学経営学部助教授を経て現在に至る。その間，カリフォルニア州立大学チコ校客員研究員（2000〜2001年），不動産鑑定士試験委員（2010〜2013年），公認会計士試験委員（2011〜2016年）などを歴任。

〔主要著書〕

　『カナダ会計制度研究―イギリスおよびアメリカの影響―』税務経理協会，1998年。

　『連結財務諸表の比較可能性―会計基準の国際的統一に向けて―』中央経済社，2003年。

　『ベーシック国際会計（第2版）』中央経済社，2019年。

　ほか

2014年8月25日	初　版　発　行	
2018年5月15日	初版3刷発行	
2020年3月10日	改訂版（続版）発行	
2023年4月20日	改訂版（続版）4刷発行	
2024年2月20日	三訂版（続々版）発行	略称：ズバッと会計（続々）

続々・ズバッ！とわかる会計学

編　著　者　©　向　　伊知郎

発　行　者　　　中　島　豊　彦

発行所　**同 文 舘 出 版 株 式 会 社**

東京都千代田区神田神保町1-41　〒101-0051
営業（03）3294-1801　　編集（03）3294-1803
振替 00100-8-42935 https://www.dobunkan.co.jp

Printed in Japan 2024

製版　一企画
印刷・製本　萩原印刷
装丁　山田絵理花

ISBN978-4-495-20043-5